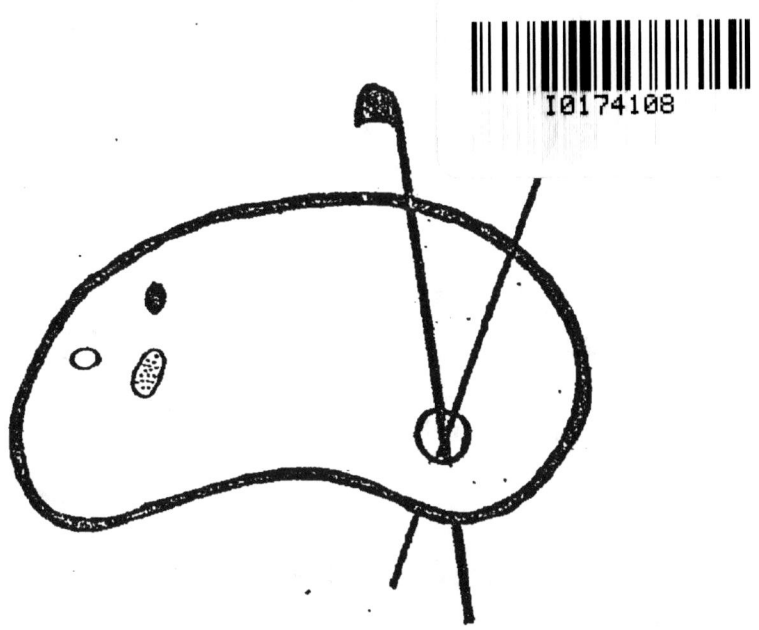

DEBUT D'UNE SERIE DE DOCUMENTS
EN COULEUR

SCIENCE ET RELIGION
Études pour le temps présent

L'ESPRIT ET LA CHAIR

PHILOSOPHIE DES MACÉRATIONS

PAR

Henri LASSERRE

NOUVELLE ÉDITION

PARIS
LIBRAIRIE BLOUD ET BARRAL
4, RUE MADAME ET RUE DE RENNES, 59
—
1899
Tous droits réservés

SCIENCE ET RELIGION

Études pour le temps présent

Collection de vol. in-12 de 64 pages *compactes*.

Prix : 0 fr. 60 le vol.

Les revues et les journaux les plus importants de la presse conservatrice et catholique ont accueilli avec les plus grands éloges les **Études pour le temps présent.**

C'est avec la plus rigoureuse méthode scientifique — mais mise à la portée de toutes les intelligences quelque peu cultivées — qu'elles traitent les problèmes et les questions qui tourmentent l'âme contemporaine et déroutent les meilleurs esprits.

Le nom de l'auteur de chacune d'elles est une recommandation.

Dès l'apparition des premiers volumes, les **Études pour le temps présent** ont obtenu un succès dépassant toute espérance. « *Elles ne méritent pas seulement d'être lues*, a écrit dans l'*Univers* un excellent juge, M. Edmond BIRÉ, *ce sont des armes pour le bon combat; il faut les répandre.* »

Ouvrages parus

— **L'Apologétique historique au XIX° siècle.** — **La Critique irréligieuse de Renan** (*Les précurseurs* — *La vie de Jésus* — *Les adversaires* — *Les résultats*), par l'abbé Ch. DENIS, directeur des *Annales de philosophie chrétienne*. 1 vol.

— **Nature et Histoire de la liberté de conscience**, par M. l'abbé CANET, docteur en philosophie et ès lettres de l'Université de Louvain, ancien professeur de théologie dogmatique au grand séminaire de Lyon. 1 vol.

— **L'Animal raisonnable et l'Animal tout court**, *étude de psychologie comparée*, par C. DE KIRWAN. 1 vol.

— **La Conception catholique de l'Enfer**, par M. BRÉMOND, docteur en théologie, professeur de dogme au grand séminaire de Digne. 1 vol.

— **L'Église Russe**, par J.-L. GONDAL, professeur d'apologétique et d'histoire au séminaire Saint-Sulpice. 1 vol.

— **La Fausse Science contemporaine et les Mystères d'Outre-tombe**, par le R. P. Th. ORTOLAN, O. M. I. 1 vol.

— *Du même auteur :* **Vie et Matière ou Matérialisme et Spiritualisme en présence de la Cristallogénie.** 1 vol.

— *Du même auteur :* **Matérialistes et Musiciens.** 1 vol.

— **Le Mal**, sa nature, son origine, sa réparation. *Aperçu philosophique et religieux*, par M. l'abbé CONSTANT, docteur en théologie, lauréat de l'Institut catholique de Paris. 1 vol.

— **Dieu auteur de la vie**, par M. l'abbé THOMAS, vicaire général de Verdun. 1 vol.

— *Du même auteur :* **La Fin du monde d'après la Foi.** 1 vol.

— **L'Attitude du catholique devant la Science**, par G. FONSEGRIVE, directeur de la *Quinzaine*. 1 vol.

— *Du même auteur :* **Le Catholicisme et la Religion de l'Esprit.** 1 vol.

— **Du doute à la Foi**, le besoin, les raisons, les moyens, les devoirs, la possibilité de croire, par le R. P. TOURNEBIZE, S. J. 4ᵉ édition.   1 vol.

— **La Synagogue moderne**, sa doctrine et son culte, par A. F. SAURIN.   1 vol.

— **Évolution et Immutabilité de la doctrine religieuse dans l'Église**, par M. PRUNIER, supérieur au grand séminaire de Séez.   1 vol.

— **La Religion spirite**, son dogme, sa morale et ses pratiques, par I. BERTRAND.   1 vol.

— **L'Hypnotisme franc et l'Hypnotisme vrai**, par le docteur HÉLOT, auteur de *Névroses et Possessions diaboliques*.   1 vol.

— **Convenance scientifique de l'Incarnation**, par Pierre COURBET.   1 vol.

— **L'Église et le Travail manuel**, par l'abbé SABATIER, du clergé de Paris, docteur en droit canon.   1 vol.

— **L'Inquisition**, son rôle religieux, politique et social, par G. ROMAIN, auteur de : *L'Église et la Liberté*.   1 vol.

— **Unité de l'espèce humaine**, *prouvée par la similarité des conceptions et des créations de l'homme*, par le marquis de NADAILLAC.   1 vol.

— **Le Socialisme contemporain et la Propriété.** — *Aperçu historique*, par M. Gabriel ARDANT.   1 vol.

— **Pourquoi le Roman immoral est-il à la mode et pourquoi le Roman moral n'est-il pas à la mode ?** *Étude sociale et littéraire*, par G. d'AZAMBUJA.   1 vol.

— **Certitudes scientifiques et Certitudes philosophiques**, par le R. P. DE LA BARRE, S. J., professeur à l'Institut catholique de Paris. 2ᵉ édition.   1 vol.

— **L'Âme de l'homme**, par J. GUIBERT, supérieur du séminaire de l'Institut catholique de Paris. 2ᵉ édition.   1 vol.

— **Faut-il une religion ?** par M. l'abbé GUYOT, ancien professeur de théologie. 2ᵉ édition.   1 vol.

— *Du même auteur :* **Pourquoi y a-t-il des hommes qui ne professent aucune religion ?** 2ᵉ édition.   1 vol.

— **Nécessité scientifique de l'existence de Dieu**, par P. COURBET, 2ᵉ édition.   1 vol.

— *Du même auteur :* **Jésus-Christ est Dieu** 2ᵉ édition.   1 vol.

— **Études sur la pluralité des mondes habités et le dogme de l'Incarnation**, par le R. P. ORTOLAN, docteur en théologie et en droit canonique, lauréat de l'Institut catholique de Paris, membre de l'Académie de Saint-Raymond de Pennafort. 2ᵉ édition.   3 vol.

I. — *L'Épanouissement de la vie organique à travers les plaines de l'infini.*   1 vol.
II. — *Soleils et terres célestes.*   1 vol.
III. — *Les Humanités astrales et l'Incarnation.*   1 vol.

Chaque vol. se vend séparément.

— **L'Au-delà ou la Vie future d'après la foi et la science**, par M. l'abbé J. LANENAIRE, docteur en théologie et en droit canon, et de l'Académie de Saint-Thomas-d'Aquin, professeur au grand séminaire de Saint-Dié. 2ᵉ édition.   1 vol.

— **Le Mystère de l'Eucharistie.** — *Aperçu scientifique*, par M. l'abbé CONSTANT, docteur en théologie, lauréat de l'Institut catholique de Paris. 2ᵉ édition.   1 vol.

— **L'Église catholique et les Protestants**, par G. ROMAIN, auteur de : *L'Église et la Liberté* et *Le Moyen Age fut-il une époque de ténèbres et de servitude ?* 2ᵉ édition. 1 vol.
— **Mahomet et son œuvre**, par I. L. GONDAL, professeur d'apologétique et d'histoire au séminaire Saint-Sulpice. 2ᵉ édition. 1 vol.
— **Christianisme et Bouddhisme** (*Études orientales*), par M. l'abbé THOMAS, vicaire général de Verdun. 2ᵉ édition. 2 vol.
Première partie : *Le Bouddhisme*.
Deuxième partie : *Le Bouddhisme dans ses rapports avec le christianisme. — Ascétisme oriental et ascétisme chrétien*.
— **Où en est l'hypnotisme**, son histoire, sa nature et ses dangers, par A. JEANNIARD DU DOT, auteur du *Spiritisme dévoilé*. 2ᵉ édit. 1 vol.
— *Du même auteur* : **Où en est le Spiritisme**, sa nature et ses dangers. 2ᵉ édition. 1 vol.

Viennent de paraître :

— **L'Ordre de la nature et le Miracle**, faits surnaturels et forces naturelles, chimiques, psychiques, physiques, par le R. P. DE LA BARRE, S. J., professeur à l'Institut catholique de Paris. 1 vol.
— **L'Homme et le Singe**, par M. le marquis de NADAILLAC. 2 vol.
— **Opinions du jour sur les peines d'outre-tombe**. *Feu métaphorique — Universalisme — Conditionnalisme — Mitigation*, par le P. TOURNEBIZE, S. J. 1 vol.
— **Comment se sont formés les Évangiles**. *La question synoptique — L'Évangile de Saint Jean*, par le P. TH. CALMES, professeur au grand séminaire de Rouen. 1 vol.
— **Le Talmud et la Synagogue moderne**, par A. F. SAUBIN. 1 vol.
— **L'Occultisme ancien et moderne**. *Les mystères religieux de l'antiquité païenne — La kabbale maçonnique — Magie et magiciens fin de siècle*, par I. BERTRAND. 1 vol.
— **L'Hypnotisme transcendant en face de la philosophie chrétienne**, ouvrage dédié au Dʳ CH. HÉLOT, par A. JEANNIARD DU DOT. 1 vol.
— **L'Impôt et les Théologiens**. *Étude philosophique, morale et économique*, par le comte de VORGES, ancien ministre plénipotentiaire, membre de l'Académie de Saint-Thomas, etc., etc. 1 vol.
— **Nécessité mathématique de l'Existence de Dieu**. *Explications — Opinions — Démonstration*, par René de CLÉRÉ. 1 vol.
— **Saint Thomas et la Question juive**, par Simon DEPLOIGE, professeur à l'Université Catholique de Louvain. 1 vol.
— **Premiers principes de Sociologie Catholique**, par l'abbé NAUDET, professeur au collège libre des sciences sociales, directeur de la *Justice Sociale*. 1 vol.
— **Le déluge de Noé et les races Prédiluviennes**, par C. de KIRWAN. 2 vol.
— **La Patrie**. — *Aperçu philosophique et historique*, par J. M. VILLEFRANCHE. 1 vol.
— *Protestants et Catholiques au XVIᵉ siècle*. — **La Saint-Barthélemy**, par Henri HELLO. 1 vol.
— **L'Esprit et la Chair**. *Philosophie des macérations*, par Henri LASSERRE, auteur de *Notre-Dame de Lourdes*, etc., etc. 1 vol.

Imp. des Orph.-Appr., D. Fontaine, 40, rue La Fontaine, Paris-Auteuil.

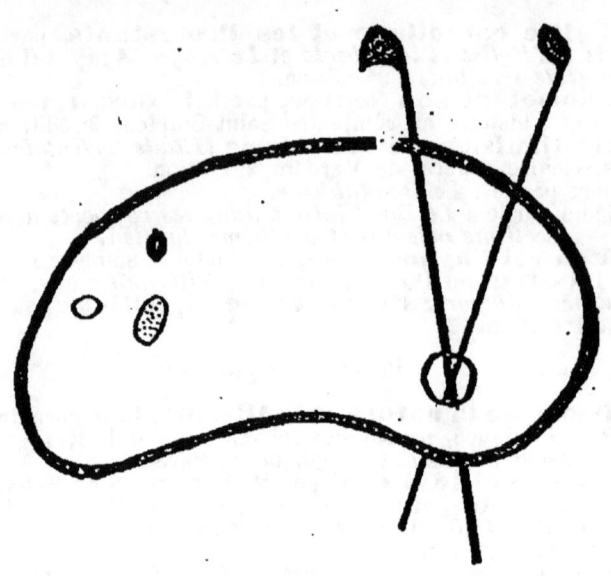

FIN D'UNE SERIE DE DOCUMENTS
EN COULEUR

SCIENCE ET RELIGION
Études pour le temps présent

L'ESPRIT ET LA CHAIR

PHILOSOPHIE DES MACÉRATIONS

PAR

Henri LASSERRE

NOUVELLE ÉDITION

PARIS
LIBRAIRIE BLOUD ET BARRAL
4, RUE MADAME ET RUE DE RENNES, 59

1899

Tous droits réservés

DÉDICACE

JE DÉDIE

la réimpression de cet humble ouvrage, le premier qui soit sorti de ma plume, à la douce, docte et pieuse mémoire de

Dom Prosper GUÉRANGER
Abbé de Solesmes

dans le monastère hospitalier duquel il fut composé.
in Xº et B. M. V. I.

HENRI L.

PRÉFACE DE LA PREMIÈRE ÉDITION

Les erreurs philosophiques peuvent être différentes dans la doctrine, elles sont toutes semblables dans l'application : et il n'en est pas une qui n'aboutisse au culte plus ou moins direct de la Chair. L'égoïsme, le désir effréné de jouir, l'amour du luxe, tel est, sauf l'exception formée par quelques rudes chrétiens, le courant général du dix-neuvième siècle. Quand Ève eut discuté avec le serpent, elle regarda le fruit, il lui sembla excellent au goût et elle en mangea. Nous en sommes à cette période, c'est-à-dire au règne du plus absolu sensualisme.

Ce malheur est certainement bien visible, et cependant la plupart des gens se le dissimulent à eux-mêmes, conciliant, on ne sait comment, deux doctrines contradictoires. Ils veulent bien être spiritualistes, mais seulement par l'Esprit, ce qui est assez facile ; et, d'un autre côté, ils ont, pour tout ce qui touche aux douceurs de la vie, des principes dont la complaisance pourrait s'appeler de la lâcheté.

Le mal a pénétré jusque chez les Chrétiens. Il en est parmi eux qui tournent les difficultés de l'Evangile et accommodent le livre divin à la facile philosophie de ce Monde que Jésus-Christ a maudit. A ces Chrétiens dévoyés les austérités de nos pères, les macérations des saints vénérés par l'Eglise semblent des folies : « Il faut les admirer, non les imiter, » disent-ils, comme si la voie de la Perfection n'était pas toujours la même ; comme si Dieu, soumis au Progrès, avait modifié ses lois éternelles.

Qu'on se laisse aller aux charmes décevants de la vie,

la faiblesse humaine l'explique aisément et l'auteur de ce livre le comprend mieux que personne ; mais que ces lâchetés et ces vices deviennent des doctrines, c'est ce qui lui a paru constituer un immense danger. Tant que la Vérité brille aux yeux des hommes, elle proteste par elle-même contre le Mal qui s'accomplit ; mais si on éteint ce flambeau, que restera-t-il pour diriger les humains ?

Au sein de la lumière, la bonne volonté suffira pour se sauver ; au sein des ténèbres, la bonne volonté elle-même est impuissante, elle s'égare et se perd.

La tentative de renaissance d'une école jadis célèbre a donné à l'auteur l'occasion d'écrire ce livre. Cette école, théoriquement impossible, résume, par ses conclusions pratiques, le matérialisme de notre temps, et méritait en cela d'être prise pour point central d'une étude sur le courant sensualiste du monde moderne.

L'ouvrage qu'on va lire est cependant plus dogmatique que polémique. Les doctrines éphémères dont il est question n'y figurent que comme accident, comme prétexte, et par moments, comme moyen de récréer ou de reposer l'esprit : il serait trop pénible d'analyser ce que l'Erreur a de désastreux, si on n'en relevait, de temps en temps, le côté profondément ridicule et bouffon.

L'auteur a cru que le meilleur et le plus intéressant moyen de réfuter ces lâches doctrines était de mettre, en regard d'elles, la philosophie véritable des austérités chrétiennes, philosophie si oubliée de nos jours, et de montrer l'intime rapport de ces prétendues folies avec ce que la nature humaine a de plus profond et de plus délicat.

C'est ce curieux sujet que l'auteur a voulu traiter.

PREMIÈRE PARTIE

I

INTRODUCTION. — CONSIDÉRATIONS GÉNÉRALES.

Il y a quelques mois que, traversant la place de la Concorde, je vis passer devant moi une voiture, de forme inusitée, que traînaient péniblement deux étiques chevaux, bricolés je ne sais comment. L'unique voyageur qu'elle contenait avait un spencer bleu de ciel et un chapeau très étroit à la base et très large au sommet. Tout cela avait un aspect vieillot, caduc, ratatiné, hétéroclite, qui portait invinciblement au rire. L'obélisque avec ses trois mille années semblait d'une verte jeunesse à côté de ce monsieur au spencer de 1825 et de ce char de même date. Les passants s'arrêtaient pour regarder ce singulier équipage. Je fis comme eux et j'aperçus au dos de la voiture ces mots écrits en belles lettres jaunes : « *Au Coucou obstiné.* » Ceci me réconcilia soudain avec le véhicule. Je continuai de rire ; mais j'admirai cette courageuse profession de foi, et le coucou prit un instant, à mes yeux, je ne sais quelle apparence héroïque.

Sauf l'estime, sauf aussi l'admiration, j'éprouve depuis un certain temps le même sentiment que m'inspira l'aspect de cette bizarrerie, en voyant divers journaux français et quelques gazettes étrangères, essayer de remettre en honneur la doctrine saint-simonienne de l'égalité de la Chair et de l'Esprit. C'est la persévérance burlesque du coucou, moins son adorable franchise. Les écrivains dont je parle ne se posent plus en effet en saint-simoniens : ils ont repeint le coucou à neuf, et l'un d'eux a même eu l'idée d'y faire entrer un homme, bien surpris sans doute de se voir dans un char dont

Saint-Simon est le cocher, je veux dire l'illustre auteur du *Pape* et des *Soirées de Saint-Pétersbourg*, M. le comte de Maistre (1).

Cette nouvelle exhibition de la Doctrine de Ménilmontant commença, il y a déjà quelques années, par une brochure d'Enfantin, brochure dans laquelle il se montrait vraiment trop pénétré des dangers de l'esprit. Le passé de l'auteur étant connu, son intérêt à nier l'importance de l'esprit nous avait paru, après lecture faite, si évidemment personnel, qu'il nous semblait complétement superflu jusqu'ici d'employer notre temps à relever la doctrine de cet administrateur du chemin de fer de Lyon, qui fut, dans sa jeunesse, le Père de l'Humanité. Le ridicule qui a tué jadis les saint-simoniens suffisait, pensions-nous, pour faire rentrer dans la tombe ces apôtres réjouis et réjouissants qui s'avisaient de ressusciter, et qui s'obstinent à vouloir revivre.

Toutefois la levée de boucliers de quelques-uns des anciens disciples de la secte, qui disposent d'une publicité considérable, change un peu l'état de la question. L'odieux fait oublier le ridicule. Si d'ailleurs le ridicule mettait à l'abri de toute attaque, ces gens-là finiraient par devenir trop puissants.

Venues de quelque pauvre auteur inconnu, de telles idées se réfuteraient peut-être d'elles-mêmes et ne pourraient tenir devant le mépris public ; malheureusement, la haute position financière de ces philosophes de l'animalité leur met en main une fatale influence, qui s'étend jusque dans la région des idées. Il est du devoir d'un écrivain catholique d'attaquer ces théories perverses, émanées des prêtres puissants du veau d'or. On nous a fait d'ailleurs observer que cette doctrine, si faible devant l'examen de l'intelligence, puisait une force singulière dans la complicité des passions misérables qui s'agitent au fond de notre nature, et qu'il pouvait être bon de dissiper les sophismes à l'aide desquels ceux qui ne veulent pas mettre leurs mœurs d'accord avec leur raison tentent de mettre leur raison d'accord avec leurs mœurs.

(1) Voir *Mémoires et Correspondance diplomatique de Joseph de Maistre*, publiés par Albert Blanc.

L'Homme, ne pouvant trouver la paix dans le mal, cherche, en effet, un factice repos dans les erreurs qui le justifient. Son orgueil qui souffre, — après tout, — au fond même de ses secrètes dégradations, dispose son oreille à une complaisance malsaine pour les mensonges de toute doctrine, tendant à concilier sa dignité avec les exigences de ses passions. Il aime à abriter derrière une erreur qui lui semble une excuse, les lâchetés de son âme et les bassesses de ses penchants : *Qui fait le mal hait la lumière* (1). Irrité des reproches de sa conscience (qui n'est que la raison dans l'ordre moral), il abaisse son intelligence au niveau de ses sens et croit avoir aboli la justice parce qu'il a corrompu le juge, ce juge ondoyant et divers dont parle si bien mon compatriote Montaigne. Il essaie de tourner ses vices en quelque apparence de philosophie, afin de les pouvoir savourer sans trop de remords. Il éprouve le besoin de *maximer ses pratiques*, pour employer l'expression du plus célèbre des doctrinaires. Sa conscience a besoin d'opium et les philosophes sensualistes écrivent des livres ou des articles destinés à endormir l'esprit qui proteste, tant il est vrai que celui-là même qui, par ses paroles, nie la suprématie de l'Esprit, ne se peut empêcher, par ses actes, de la reconnaître implicitement. L'Esprit seul gouverne, et on le confesse en faisant des théories qui ne s'adressent qu'à lui, et en lui demandant comme à un souverain d'octroyer la charte de ce qu'on appelle les droits de la Chair ! La pratique matérialiste est bien assez répandue ; mais ces novateurs savent bien que tant qu'ils n'auront que la Chair, ils n'auront rien : aussi, par une contradiction manifeste avec eux-mêmes, ils émettent des doctrines, c'est-à-dire qu'ils parlent à l'Esprit pour faire proclamer et sanctionner par lui les triomphes de la Chair ; n'ignorant point, quoi qu'ils en puissent dire, que les passions ne peuvent circuler librement qu'avec les passeports de l'Esprit, et que la Chair ne peut gouverner qu'en proportion de l'abdication de l'Esprit. Ce n'est jamais, en effet, qu'autour de la conscience que s'agitent les systèmes ; c'est

---

(1) Saint Jean, III, 20.

toujours elle qu'il s'agit de faire capituler : l'universalité de l'attaque et la direction des ennemis manifestent aux plus aveugles que, dans cette citadelle, est le vrai siège du gouvernement.

Les mauvaises mœurs ont besoin des mauvaises doctrines. De là le succès de toute philosophie analogue à celle dont nous parlons, lorsqu'elle se dégage de l'attirail bouffon dans lequel apparut le saint-simonisme au commencement de la dynastie de Juillet, succès d'ailleurs tout relatif et peu envié des honnêtes gens.

L'erreur a cela de bon qu'elle donne quelquefois à la vérité l'occasion de se formuler de nouveau et de se rappeler à la mémoire des hommes. Le but de notre travail, plus dogmatique que polémique, est d'exposer, sur une thèse si mal comprise de notre temps, l'enseignement du catholicisme.

Examinons donc cette question de l'Esprit et de la Chair, et, comme les publications de l'école matérialiste dénotent une ignorance profonde des éléments même de cette thèse, commençons par des définitions. La plupart des erreurs dans les idées ont pour point de départ et pour forme d'expression une erreur dans les mots.

II

CE QUE C'EST QUE L'ESPRIT, CE QUE C'EST QUE LA CHAIR.

Le mot d'Esprit a plusieurs sens qu'il importe de ne pas confondre. Ce mot sert parfois à exprimer une certaine subtilité piquante et pleine de grâce, je ne sais quel trait soudain et primesautier qui se rencontre en quelques intelligences charmantes. C'est ainsi qu'on dit l'Esprit de Voltaire, de Rivarol ou de Beaumarchais. Mais passons : ce sens spécial du mot Esprit n'ayant rien à faire avec les lourds écrivains dont nous nous occupons.

Esprit signifie également le principe ou l'ensemble, j'allais presque dire le tempérament intellectuel d'une doctrine ou d'un homme, l'*a priori* qui fait pressentir leur décision sur tel point donné. C'est dans ce sens et non dans le précédent que l'on dit : l'Esprit des matérialistes. Exemple : « L'Esprit de cette philosophie et de « ces hommes est juste le contrepied des tendances ho- « norables de l'humanité. » (Saint-Evremont.)

Jusqu'ici, peu ou point de difficulté ; tout cela est évident : mais cette étude de dictionnaire demande un peu plus d'attention dès qu'on entre dans le domaine du langage philosophique, théologique et moral.

L'homme est composé de deux éléments : l'âme et le corps, l'intelligence et la matière, et c'est ainsi qu'on dit quelquefois l'Esprit et la Chair, les vices de l'Esprit et les vices de la Chair ; mais, plus généralement, ces expressions ont, dans la langue catholique, une toute différente portée. Le matérialisme contemporain ne l'ignore pas, car (autre forme de l'esprit !) son premier grand prêtre a spirituellement supprimé dans sa longue citation de saint Augustin et mis ainsi complètement sous le boisseau la phrase où se trouve cette explication lumineuse qui éclaire tout le passage et le présente sous son vrai jour (1).

Saint Augustin commente ce texte de saint Paul aux Galates : « Les œuvres de la Chair sont évidentes : « adultère, impureté, impudicité, *idolâtrie*, empoison- « nements, *inimitiés, contestes, jalousies, animosités,* « *dissensions, hérésie, envie,* ivrognerie, débauche et « autres infamies ; » et, s'arrêtant devant ces mots que je viens d'écrire en italiques, il constate qu'ils expriment des vices entièrement dégagés de la matière et auxquels le corps est complètement étranger : « Pour- « quoi donc, dit-il alors, le docteur des Gentils appelle- « t-il cela les œuvres de la Chair, sinon parce qu'il use « ici de cette façon de parler qui consiste à dire la « partie pour le tout, la Chair, par exemple, pour l'hom- « me lui-même ? » Tel est, en effet, le sens vraiment catholique et philosophique, le sens qu'il ne faut jamais perdre de vue en traitant cette grave question.

De ce mot de saint Augustin se conclut aisément la

---

(1) Voir *Réponse au R. P. Félix*, par P. Enfantin, p. 11.

définition même de l'Esprit, théologiquement opposé à la Chair. L'Esprit, dans le langage catholique, ne veut pas dire l'intelligence ; il signifie l'Esprit même d'en haut, le souffle de Dieu, *Spiritus Dei*, l'Esprit-Saint, de même que la Chair est prise pour toute tendance au mal. La Chair, c'est tout ce qui n'est pas Dieu, c'est le monde et sa concupiscence, c'est nous-mêmes, et voilà pourquoi l'attache à notre personnalité, l'orgueil, la jalousie, la haine, l'hérésie, l'idolâtrie sont dits Œuvres de la Chair. Créatures malheureuses et tombées, l'Esprit, c'est tout ce qui tend à nous relever vers le type premier de notre beauté perdue ; la Chair, c'est cet horrible poids qui nous entraîne au contraire vers une chute plus profonde et un plus irrémédiable abaissement. Vivre selon l'Esprit, c'est vivre selon l'Esprit par excellence, l'Esprit de Dieu ; vivre selon la Chair, c'est vivre selon l'Esprit de l'homme.

L'antinomie n'est pas entre l'intelligence et le corps : que de gens qui dépensent un remarquable esprit à vivre selon la Chair ! L'antagonisme est entre l'esprit de l'homme déchu, esprit devenu charnel, c'est-à-dire attaché à tout ce qui passe, et l'Esprit même de Dieu qui tend à nous en dégager pour nous élever à l'amour des choses éternelles.

Dompter la Chair, ce n'est pas seulement surmonter les concupiscences qui se traduisent par la révolte des sens ; c'est se dominer soi-même tout entier, c'est transfigurer sa nature personnelle et misérable en la ressemblance du type divin qui est apparu à la terre dans la personne du Sauveur du Monde.

Aussi la discipline des cloîtres s'applique-t-elle aussi bien et plus encore à l'esprit propre de l'homme qu'à ses sens et à son corps, et cherche-t-elle à dompter l'orgueil autant que la sensualité. La chasteté et la pauvreté seraient en effet des vertus païennes, sans l'humilité et l'obéissance qui les divinisent, en les purifiant de tout principe de personnalité superbe. Le manteau troué du philosophe laissait voir aux plus distraits regards l'orgueil qui se drapait sous la livrée de ces haillons ; la pauvreté humble et volontaire du Religieux recouvre l'Esprit même de Jésus-Christ. C'est ce que les philosophes matérialistes auraient dû expliquer et dire s'ils avaient voulu aborder franchement la question et la traiter avec loyauté ; tandis que par leur singulière façon de comprendre et d'employer les mots, ils me rappellent ce libre penseur, leur confrère, qui, ayant entendu parler du *Combat Spirituel* se mit sur-le-champ en quête de ce célèbre ouvrage, croyant y trouver un assaut de pointes et de bons mots.

Est-ce à dire cependant que nous prétendions établir que l'Esprit et la Chair ne veulent pas dire aussi l'âme et le corps, l'intelligence et la matière ? Loin de là ; nous nous servirons plus d'une fois nous-même de ces mots, nous nous en sommes déjà servi, d'après cette signification vulgaire : nous avons simplement voulu bien constater le sens dans lequel ils sont employés en la plupart des textes de l'Ecriture, tels que : « Vivre selon l'Esprit... La loi de l'Esprit et la loi de la Chair, etc., etc., » et déterminer le point de vue précis auquel se placent en ceci les Docteurs et les saints Pères. En rétablissant la phrase de saint Augustin que la polémique matérialiste a cru devoir passer sous silence, nous avons eu la pensée de mettre entre les mains du lecteur les éléments de la question, et de prémunir son intelligence contre une confusion de mots qui pourrait faire obstacle à une heureuse recherche de la vérité.

III

ANTAGONISME DES DEUX PRINCIPES.

Les matérialistes saint-simoniens croient à l'égalité absolue des deux principes qui constituent notre nature et que nous appellerons volontiers avec eux, dans le sens non théologique, l'Esprit et la Chair, quoiqu'il fût mieux de dire l'Ame et le Corps.

Se pourraient-ils fâcher si quelque mauvais plaisant, leur donnant raison tout à coup, reconnaissait que chez eux l'un vaut l'autre et qu'ils les ont mis au même niveau ? Dieu nous garde d'une telle impertinence ! Nous mentirions nous-même à notre pensée et à notre propre thèse : les droits de l'épigramme s'exerceraient ici aux dépens de ceux de la vérité. Non ! non ! devant ces théoriciens du bonheur terrestre, devant cet idéal placé dans la Chair, nous ne faisons que nous souvenir avec mélancolie du beau mot de J.-J. Rousseau au matérialiste Helvétius, à propos d'une théorie quelque peu parente de celle que l'on voudrait rétablir aujourd'hui : « La splendeur même de tes dégradations me prouve celle de ton intelligence ! »

Quoi qu'il en soit, ces philosophes prétendent que ces deux principes, en lutte jusqu'ici et radicalement égaux, sont sur le point de s'accorder, que dis-je ? s'accordent déjà dans une société qu'ils connaissent ; -- société que, moi, je dénonce comme une société secrète, si secrète que personne n'en a entendu parler, si secrète que je défie la police d'en découvrir la trace, si secrète qu'elle se dissimule, rare prudence ! jusqu'au point de ne pas exister. Que ces messieurs m'indiquent le siège social, la rue et le numéro de cette société anonyme où les deux puissances contradictoires de notre nature sont parfaitement d'accord sans que l'une gouverne ou opprime l'autre, et je m'engage solennellement aux yeux du public, à devenir leur disciple ou leur actionnaire dans cette manufacture de bonheur jusqu'ici inconnue aux mortels.

Voici le raisonnement de la secte : « Sorties pareillement des mains de Dieu, les deux substances qui forment notre être ont l'une et l'autre des droits identiques, et aucune d'elles ne doit aspirer à gouverner l'autre. Le Corps est l'égal de l'Ame et ils doivent tous deux vivre en paix, sans lutte fratricide, sans ambition mutuelle et sans prétention à la dictature. »

Je conviens que ce n'est point trop mal raisonné : ces deux substances, quoique hiérarchisées et inégales, ont été créées pour s'harmoniser ensemble dans une unité sans effort, et l'auteur de ces lignes aurait eu à peu près raison, il y a quelque soixante siècles. Il n'oublie que la chute originelle qui est venue détruire cette harmonie parfaite. Cet homme au progrès, ce novateur n'est guère arriéré que de six mille années. Il est vrai que c'est le Père de l'Humanité : excuse plaisante, mais légitime.

Père de l'Humanité ! Enfantin l'a parfaitement vu, toute la question est là : si nous sommes les enfants d'Adam, la thèse est mise à néant ; si nous sommes les fils d'Enfantin, le thème catholique a, je l'avoue, quelque chance d'être renversé. Enfantin a été d'une logique transcendantale, quand il a pris à tâche de déposséder Adam, tentative originale et courageuse dont j'honore sérieusement la hardiesse. Mais hélas ! que gagnerions-nous à ce changement dans notre ligne généalogique ? Si j'en crois la doctrine saint-simonienne des libres amours et de l'indépendance de la Chair, le nouveau Père de l'Humanité ne tarderait pas à toucher au fruit défendu. Au lieu d'une seule pomme, il mangerait toutes celles de l'arbre et sèmerait encore les pépins : c'est la seule différence que j'y vois.

Soyons sérieux, même vis-à-vis d'une doctrine bouffonne : Que depuis un si long temps le Père de l'Humanité, devenu Enfantin, ait oublié la chute originelle ou qu'il la nie, je le conçois, quoique tout esprit philosophique me semble logiquement forcé d'admettre ce dogme qui explique tout ; mais qu'il ignore à ce point la constitution même de notre nature actuelle, c'est ce qui, je le déclare, dépasse mon imagination. L'antagonisme des deux côtés de notre vie, ce double courant de notre être, ces aspirations inassouvies qui remontent le fleuve que nos penchants descendent, tout cela me paraît d'une évidence qui tombe tellement sous le sens que, sauf le *Siècle* et ses rédacteurs, je n'aurais jamais pu supposer un être humain capable de le nier. Qu'autrefois, à l'âge terrible et charmant où l'intelligence se fait si volontiers la complice des passions fougueuses, l'écrivain dont nous parlons ait pu s'abandonner à une aussi commode illusion, j'arrive, par un grand effort, à le comprendre encore ; mais qu'aujourd'hui, à son âge, éclairé par l'expérience d'une longue vie, il ramène sur l'eau cette théorie qui y tomba jadis, cela surpasse toute hypothèse et attriste l'entendement ! N'est-il pas déplorable de voir cet homme mûr, qu'on dit personnellement très bon, très honnête, très serviable, — très naïf, — venir soutenir publiquement une thèse ou plutôt une fantaisie de tout jeune homme que nous, jeune homme, nous sommes obligé de combattre avec une sévérité de vieillard ?

La faute originelle n'est que l'explication, — contestable ou non aux yeux des matérialistes, — d'un fait qu'on ne peut pas nier ; l'existence même du mal ici-bas et la double tendance qui nous porte à faire le mal en même temps que nous aimons le Bien. L'Apôtre des nations et le poète païen sont là-dessus d'un parfait accord et s'expriment en termes identiques, tant est évident, aux yeux de la Raison comme à ceux de la Foi, ce côté douloureux de notre être : *Video meliora proboque ; deteriora sequor,* disent-ils l'un et l'autre. « Nos « âmes tirent leur origine du Ciel, mais elles sont comme « enchaînées dans l'antre d'une puissance magique, la « Chair, qui par ses charmes leur fait oublier leur « noble extraction, les amuse, les entraîne à des choses « viles et indignes d'elles et les tient misérablement « captives. » Tout le monde, à ces paroles, a reconnu le divin Platon. *Corpus hoc animi pondus ac pœna est,* dit un autre ; *premente illo urgetur, in vinculis est.* « Ce corps est pour l'âme une charge et une peine : elle est accablée sous son poids, elle est dans les chaînes. » Ce n'est point saint Paul qui parle ainsi, c'est Sénèque (Epist. 60). Je n'ai point voulu citer d'auteurs sacrés et renvoyer nos philosophes modernes au catéchisme. Qu'ils aillent à l'école de la sagesse païenne : la Foi est inutile où le bon sens suffit.

Je m'explique qu'on ignore et Sénèque et Platon, mais comment peut-on s'ignorer soi-même à ce point et ne pas voir, dans le mystère de sa propre vie, les contradictoires tendances de ce misérable cœur humain ? Malheur, hélas ! à ceux-là ! malheur à qui n'a versé des larmes sur sa propre abjection. Malheur à qui n'a tourné ses regards éplorés vers le Ciel, au moment même où il se sentait entraîné vers les voluptés de la terre ! Celui-là a abaissé son âme bien profondément qui ne la sent pas réagir de toute sa puissance tombée contre les déceptions, les angoisses, et surtout les misères morales de ce monde imparfait qui n'est point la patrie ; celui-là est descendu bien bas qui ne se sent pas déchu. *Cùm in profundum venerit contemnit*, dit l'Ecriture. Le dernier degré de la *dégradation* de l'Esprit au service des sens, c'est de se mépriser lui-même, d'abdiquer sa suprématie et de nier sa propre grandeur. De là des doctrines comme celle que nous examinons, qui tendent à renverser, avec les notions premières de la conscience, les pôles du monde intellectuel et moral, et qui, légitimant la révolte et les turpitudes des sens, se résument dans ce mot horrible et superbe que Milton met dans la bouche de Satan : « Mal, sois mon Bien ! »

Ne calomnions cependant personne. J'ai dit : horrible ; j'ai dit : superbe ; épithètes de haute proportion et qui marquent suffisamment la différence que j'établis entre le grand Satan et le matérialiste de l'école moderne, *homo bonus, homo optimus, scribendi quoque peritus.* Qu'il me sache gré de ma délicatesse, mais sans s'en étonner : je descends — par moments — de ces Français qui saluaient leurs ennemis à Fontenoy.

IV

SOLUTION DE L'ÉGLISE SUR CETTE QUESTION.

Que dit la Doctrine catholique ? L'homme sortit des mains de Dieu dans un état de parfaite harmonie. Ses instincts et sa raison suivaient le même cours, et il n'avait, pour vivre dans le bien, qu'à suivre le penchant de sa nature heureuse. Comment tomba-t-il de ce paradis de délices dont le souvenir, malgré tant de siècles écoulés, n'a pu s'effacer de la mémoire humaine ? L'Eglise le raconte : Adam savait tout, puisqu'il savait le Bien. Il voulut connaître la contre-partie de cette science divine dont il avait la pleine clarté. A la Foi qui était la possession du Bon, du Beau et du Vrai, descendant directement de Dieu jusqu'à lui, il voulut substituer l'Expérience, c'est-à-dire la foi en lui-même. Il eut foi en l'excellence de ses yeux qu'il s'imagina être le principe de la lumière, et il crut pouvoir se passer du flambeau : il ne rencontra que les ténèbres.

« — Je te prie, mon enfant, dit la mère à son fils, de ne point toucher à ce fruit : c'est une preuve d'amour que j'implore de toi et, d'ailleurs, je te préviens qu'il est malfaisant et te rendrait malade. »

L'enfant, à la première occasion, se jette sur le fruit et le dévore. Il substitue l'expérience à la foi. Trois minutes après il se tord dans des douleurs atroces.

Pour l'ignorant et l'aveugle, l'expérience est un procédé légitime de tâtonnement ; mais pour qui connaît le Vrai, le Beau ou le Bien par une possession directe, par un don, par une grâce, par une révélation venant d'un être supérieur, l'expérience n'est qu'une sottise doublée d'insolence et d'ingratitude, l'épreuve, par la douleur d'une privation immédiate, de la bonté de ce qu'on possédait déjà. Celui qui connaît n'expérimente pas : il sait. Celui qui aime n'expérimente pas : il croit. Adam fit cette expérimentation douloureuse de la valeur des trésors qu'il tenait de Dieu : en les perdant, il en connut le prix. Il avait la science positive et vraie, il voulut avoir la science négative, la science du néant, la non-science, la science du mal, du faux et du laid, trois négations ; il voulut l'avoir et il l'eut, pour son malheur et pour le nôtre. Cet esprit, éclairé jusque-là d'une lumière directe, absolue, connut l'ignorance ; cet être, nageant dans les délices, cet homme heureux et immortel connut les douleurs, la maladie, la mort, et pour tout dire en un mot, le malheur.

Adam fut savant.

Quoi qu'il en soit, l'harmonie du Paradis terrestre est détruite. L'homme d'aujourd'hui n'est plus l'homme de l'Eden. Il porte en soi-même, comme l'Adam des anciens jours, l'amour naturel du Bien, du Vrai et du Beau ; mais en même temps, un certain côté de sa nature l'entraîne vers leur contraire. Son libre arbitre est incliné vers le mal : ce sont les expressions mêmes du concile de Trente. L'Homme s'est brisé en tombant de ce paradis dans lequel son Père divin lui avait donné le bonheur terrestre, en lui préparant après l'épreuve une félicité infiniment supérieure. Ce roi de la création s'est orgueilleusement révolté contre le Dieu, contre le créateur dont il tenait son pouvoir et son domaine; il a senti se rompre en ses mains le sceptre qui lui soumettait la nature et lui en assurait le paisible empire. Tout s'est redressé contre cet esprit superbe devenu impuissant: la terre qui n'a produit que des ronces, les animaux qui se sont faits ses ennemis, sa propre chair qui a tendu à l'asservir et à le dominer. De cette triple hostilité est née la nécessité du travail, du labeur pénible, de l'effort. Contre la terre et contre les animaux, l'Homme a dû défendre sa vie physique; contre sa chair, il a dû combattre pour conserver sa vie morale. C'est là l'histoire d'Adam, ce véritable Père de l'Humanité; c'est celle des innombrables générations qui lui ont succédé sur cette terre de douleurs qu'il leur laissa pour héritage; c'est celle des grands et des petits, des innocents et des coupables, c'est celle de tous nos frères, c'est la nôtre, c'est sans doute celle des soi-disant philosophes matérialistes, c'est certainement la mienne.

Et, malgré cette lutte incessante, malgré les efforts de l'Homme, le mal, la maladie, la laideur, la vieillesse, la mort sont entrés dans ce monde pour ne plus en sortir, toutes choses qui protestent contre ces affirmations insensées de la perfection absolue et du bonheur, réalisés dès ici-bas. Nos novateurs prétendent qu'ils détruiront, dans leur société idéale, le mal, la maladie, la laideur. Je le veux bien; j'y ai pour ma part un bien grand intérêt; mais détruiront-ils la vieillesse, détruiront-ils surtout la mort? Aucun n'ose l'affirmer, et cependant la mort suffit pour renverser leurs systèmes en même temps que leurs personnes. Tant qu'on mourra, le royaume de Dieu ne sera point sur cette terre; tant qu'on mourra, la destinée éternelle de l'Humanité ne pourra être sur ce globe, dont il faut tôt ou tard quitter les voluptés passagères; tant qu'on mourra, ce monde ne pourra être qu'une tente provisoire, dressée pendant le voyage, en attendant le palais splendide qui doit abriter notre immortalité.

Le fond de ces doctrines, c'est l'athéisme pratique, c'est l'avidité de jouir ici-bas, parce qu'on désespère de jouir

là-haut. Ah ! ceux qui croient vraiment en Dieu se résignent aisément à toutes les imperfections de ce lieu de passage ! Ils ne tiennent pas à être payés comptant par ce Maître de toutes richesses, et ils font de bon cœur crédit de la vie terrestre à sa paternelle et toute-puissante bonté. Ils savent bien qu'à toutes les douleurs de cette existence il réserve des compensations que l'Esprit de l'Homme ne peut concevoir et qui dépasseront toutes ses espérances. Ils se souviennent de saint Paul entrevoyant le Ciel ; ils n'ignorent point que celui qui les tira du néant saura bien les ressusciter de la mort, et que la main qui jeta tant de beautés éparses sur ce monde créé pour périr, doit, si j'ose m'exprimer ainsi, déployer tous les secrets et toutes les recherches de sa puissance à préparer la demeure éternelle de ses enfants. Le chrétien est comme Dieu : il est patient parce qu'il se sent éternel.

Le matérialiste est impatient. Il veut jouir dès aujourd'hui, parce qu'il ne se sent point sûr du lendemain ; il a horreur du détachement, parce qu'il ne comprend pas que c'est un attachement d'ordre supérieur. Quiconque ne compte pas sur l'éternité et ne se cramponne pas aux choses du Ciel se rejette sur le temps et tombe à terre. Lisez les saint-simoniens : *Post hoc erimus tanquam non fuerimus... venite ergo et fruamur bonis quæ sunt... coronemus nos rosis antequam marcescant*, dit l'Ecriture, racontant la chanson des impies.

V

NÉCESSITÉ D'UNE HIÉRARCHIE DANS LE GOUVERNEMENT DE L'HOMME PAR LUI-MÊME.

Le désaccord s'étant ainsi introduit dans les diverses tendances de notre nature, il a été indispensable qu'une partie de nous-mêmes fût chargée du gouvernement de l'autre et investie de l'autorité. Ainsi le voulait, non une religion, non une morale, non une politique, mais la force même des choses. Entre deux puissances en désaccord et cependant indissolublement unies, le principe d'indépendance respective est absolument inapplicable : il faut de toute nécessité que l'un commande et que l'autre obéisse ; la liberté de l'une se compose de l'asservissement de l'autre. Le dilemme est quotidien : si mes sens me poussent à faire une chose et ma raison à ne la point faire, (et nul ne peut nier que cela n'arrive tous les jours), il faut forcément que ma raison lâche pied ou que mes sens se soumettent, que mon esprit réprime ma Chair ou que ma Chair opprime mon Esprit. L'abstention n'est pas même un moyen échappatoire : si je m'abstiens, c'est l'Esprit qui triomphe.

C'est ici le cœur même de la question. Le philosophe matérialiste ne s'en préoccupe nullement. Il se borne à acclamer, dans un style assez flasque, l'égalité de la Chair et de l'Esprit ; mais il se garde bien (sans doute de peur d'avoir à le résoudre) de poser carrément le problème fondamental de la dualité de la nature humaine. Sa théorie, pour se formuler, a besoin d'échapper tout d'abord à la pratique de la vie : l'atmosphère de la réalité lui serait mortelle : cet homme qui ne croit pas au Ciel quitte la terre et ne se plaît que dans les nuages. Il n'est pas même éloquent !... J'ai entendu dans ma vie le rugissement des passions ; c'était affreux : mais c'était superbe comme une colère de lion déchaîné. Aussi m'attendais-je, en lisant ce plaidoyer en faveur de la Chair, à pouvoir dire de temps en temps le « Bien rugi ! lion ! » du personnage de Shakespeare. Point du tout, cet avocat des passions ne peut pas se passionner, et sa phraséologie sans virilité ne m'a rappelé que les allures discrètes d'un sensualisme qui porte de la flanelle. La nature est, hélas ! d'une bien autre force ! Décidément ce sensualiste devient vieux : qu'il se fasse ermite.

Sous le prétexte puéril que saint Paul dit : « l'esprit *lutte* contre la Chair » et non pas « *luttera toujours*, » ce théoricien bourgeois viendra-t-il prétendre que cet antagonisme n'est pas fondamental et qu'il n'existera pas dans la société future ? (Quel futur ? un futur *passé* sans doute.) Mais, pour prendre un exemple entre mille, la Chair n'aura-t-elle pas toujours horreur du travail, de la peine, comme l'a si bien nommé le bon sens des langues ; et l'Esprit, qui en reconnaît la nécessité, ne sera-t-il pas toujours obligé de commander pour l'y soumettre ? Que quelqu'un vienne à tomber à l'eau : que fera le matérialiste ? Suivra-t-il l'élan de l'esprit qui le porte à sauver son frère ou la répugnance de la Chair qui redoute le froid et le danger ? L'antagonisme n'est-il pas perpétuel, et le dilemme ne se posera-t-il pas toujours ?

On pourrait multiplier les exemples à l'infini, mais le spectacle des réalités actuelles dispense de toute démonstration. On voit des gens, saint-simoniens sans le savoir, qui ont complètement dégagé leur Chair de la répression de l'Esprit et qui n'ont d'autre règle, pour leur corps, que leur penchant ; pour leur intelligence que leur fantaisie. Qui n'en a rencontré de ces saint-simoniens du lundi qui ont proclamé, au cabaret du coin, le 89 de la Chair, disciples dont se vantent peu les philosophes sensualistes et qui sont cependant cent fois plus logiques que le maître ! Une telle pratique est la meilleure réfutation de la théorie. Dès qu'elle s'est affranchie de l'autorité de l'Esprit, la Chair, rien qu'en suivant son penchant, est devenue despotique : elle a méprisé, opprimé, détruit l'Esprit ; et quelques instants à peine ont suffi pour la conduire, des déclarations de son 89 aux orgies et au despotisme de son 93.

Ceci étant parfaitement établi, et l'antagonisme devenu indéniable, à qui le gouvernement revenait-il de droit, à l'Esprit, tout vacillant qu'il est depuis sa chute, ou à la Chair, également dévoyée dans ses penchants et privée de cette loi de l'instinct qui est la raison de l'animal et qui la préserve de tout excès ? La question se résout d'elle-même et l'exemple qui précède est vraiment superflu. Il est clair que l'Esprit, malgré ses imperfections, était appelé à diriger et à dominer le corps, sauf à recourir, pour se gouverner lui-même et pour l'aider dans la conduite du corps, à un Esprit plus haut et véritablement infaillible : l'Esprit de Dieu.

L'être humain était faussé tout entier. De même qu'une sphère parfaite, en tombant d'une immense hauteur, se ploie en forme d'ellipse, de même l'homme, dans sa chute profonde, avait senti le centre unique vers lequel convergeaient, dans l'Eden, sa raison et ses penchants, se partager en un double foyer qui, désormais, divisait en deux courants inverses toutes les tendances de sa nature. A l'un de ces foyers était Dieu ; à l'autre, était l'homme lui-même. L'un de ces courants le portait vers ce qui est éternel, le Beau immuable, le Vrai infaillible, le Bien absolu ; l'autre l'entraînait vers les imparfaites et trompeuses images de toutes ces choses, vers cette beauté terrestre, éphémère comme l'éclat des fleurs et qui tend à la même corruption ; vers cette vérité de convention qu'on prend pour le réel et qui n'est que le visible, qui passe avec le monde et s'évanouit avec la vie : vers ces biens d'ici-bas, si mal nommés, qui sont le commode et l'agréable et qui ne sont pas le beau, qui sont le bien changeant, comme dit saint Thomas. L'infortuné, travaillé par une soif ardente de félicité, chercha dans le plaisir la monnaie du bonheur perdu ; mais, au sein même de ces joies qui l'éloignaient de plus en plus de sa destinée véritable, les aspirations de sa nature première se révoltaient contre cette abjection : le souffle de l'Esprit de Dieu bouleversait son âme, et, dans cette vallée de larmes, le faisait rêver des campagnes du Ciel. Tel fut l'homme il y a six mille ans, tel il est aujourd'hui. Quelle marche lui était tracée en ce lamentable état ? N'est-il pas évident qu'il devait tendre à restreindre le courant qui l'abaissait et l'éloignait de Dieu, et à développer celui qui le relevait dans le sens de la vraie destinée, c'est-à-dire vers Dieu ? Telle est la solution de l'Église catholique ; telle est celle du sens commun : telle n'est pas celle des matérialistes.

On concentra les deux questions. Le foyer de Dieu fut appelé l'Esprit, parce que Dieu est esprit et que l'Esprit est le symbole de tout ce qui est immortel de sa nature ; le foyer du mal fut appelé la Chair, parce que le principe de la concupiscence et son but final sont principalement dans la chair, et surtout parce que la chair est le symbole de tout ce qui est, de soi, périssable. Ainsi revient et s'explique le sens théologique des mots : l'Esprit et la Chair, que nous avons jugé nécessaire de préciser en commençant cette étude. L'Esprit et la Chair, c'est Dieu et le contraire de Dieu ; c'est, en un mot, le Bien et le Mal : non pas, bien entendu (et il est bon d'insister là-dessus), que ce qu'on appelle proprement la Chair soit mauvais en soi, mais bien parce que la Chair, qui n'est nullement mauvaise en son principe, l'est devenue par ses tendances dévoyées. Toute force est un bien en soi, mais une force mal employée, mal dirigée, tournée contre un bien, est un mal. C'est le cas de la Chair.

Disons cependant, pour éviter toute confusion, que, quoiqu'elle soit un bien de sa nature, la Chair, même au temps de l'harmonie adamique, ne put jamais être dite l'*égale* de l'Esprit. La hiérarchie est la loi du monde : c'est la forme essentielle de l'Ordre ; et les deux éléments de notre nature furent toujours hiérarchisés comme ils le sont aujourd'hui : mais alors, l'accord étant parfait entre les tendances de la Chair et celle de l'Esprit, la suprématie ne se manifestait par aucune répression et n'engendrait aucune résistance. Le *frein* gouvernemental n'avait pas de raison d'être. L'Homme, soumis à Dieu, eût toujours ignoré la rigueur de sa justice ; la Chair, soumise naturellement à l'Esprit, n'eût jamais senti le poids de son autorité. D'un côté comme de l'autre, la Révolte seule fit connaître la Répression. Mais la hiérarchie, pour être latente dans son expression, n'en existait pas moins ; et l'Esprit était supérieur à la Chair par la même raison qui faisait que, dans l'échelle des êtres, l'ange, pur Esprit, était supérieur à l'animal, pure Chair. L'homme, par sa chair, ne peut connaître et aimer que la matière ; par son Esprit, il peut connaître, aimer et servir Dieu. On ne constitue l'égalité des deux principes que par la méconnaissance d'une grandeur.

« Mais, reprend le philosophe sensualiste avec cette obstination de parti pris qui n'écoute aucune raison, la Chair est sortie des mains de Dieu, il ne peut l'avoir créée mauvaise. »

C'est vrai, j'en conviens.

Une mère reprochait un jour à sa fille son abominable conduite :

— Que voulez-vous que j'y fasse, répondait la fille, ce n'est pas moi qui me suis créée, c'est Dieu qui m'a faite ainsi.

— Malheureuse ! s'écria la mère, Dieu t'a créée vierge, et tu t'es prostituée.

VI

LOGIQUE SAINT-SIMONIENNE.

On le voit : l'erreur primordiale de l'adversaire est d'oublier la Chute originelle et, par suite, la dualité de notre nature et la tendance absolument contradictoire des deux courants de notre être. Et, chose singulière ! par une inexplicable déviation de la logique, il oublie en même temps l'unité profonde qui se trouve au fond de cette dualité et qui constitue l'Homme même. Il raisonne, en maint endroit, comme si la Chair et l'Esprit, qu'il traite de frères, pouvaient, au gré de leur caprice, aller chacun dans le sens de son penchant, sans entraîner toute la communauté. Si l'Esprit et la Chair sont deux frères, que le sensualisme convienne du moins que ce sont deux frères Siamois. Les tendances peuvent être diverses ; mais par la force des choses la direction est unique et, quelle qu'elle soit, elle entraîne de gré ou de force tout le système.

Le philosophe païen s'indigne contre le philosophe chrétien : « Vous exposez parfaitement le principe qui
« est le nôtre, l'égalité de l'Esprit et de la Chair ; mais,
« dès que vous prenez vos armes de combat, sur qui
« frappez-vous, sur des gens qui prêchent la domina-
« tion exclusive de la Chair, qui prêchent (Dieu vous
« pardonne !) la paresse, l'énervement, la lâcheté.
« Quels sont donc ces hommes et quelle est cette doc-
« trine ? Où avez-vous entendu ces énormités et surtout
« ces contradictions avec le principe que vous recon-
« naissez être le nôtre, avec le principe d'ÉGALITE
« entre les deux royaumes de la vie ? — Mon frère,

« cette façon de combattre n'est pas loyale (1). » Je cite tout, *voulant être loyal*. J'aurais eu scrupule de supprimer la moindre petite phrase comme l'a fait si ingénieusement le Père de l'Humanité dans sa citation de saint Augustin, signalée plus haut. Cette indignation m'a infiniment réjoui, elle est d'une bonhomie si naïve que j'ai eu la tentation d'être ému. J'y ai résisté et j'ai mieux aimé rire. Qui donc a dit que les philosophes étaient toujours ennuyeux ? Je les trouve parfois fort amusants.

Un homme montait un jour un cheval fougueux qu'il avait la plus grande peine à conduire. L'animal mordait son frein, se cabrait, bondissait, hennissait, écumait, mais, malgré tout, tenu en bride par un cavalier vigoureux, maîtrisé par le mors, par le fouet, par l'éperon, il marchait, il obéissait à ce vivant appareil de guerre qu'il portait sur son dos.

Survient un de ces philosophes qui réclament la liberté de penser et qui en usent si peu, qui croient avoir de l'originalité parce qu'ils tournent le dos au sens commun, qui visent à une personnalité typique et qui n'arrivent qu'à l'extravagance ! — Je proclame, s'écrie-t-il, de cet air profond, particulier aux hommes creux, je proclame l'égalité du cheval et du cavalier. Plus de bride, plus de cravache, plus d'éperon, plus d'asservissement du cheval par le cavalier.

Ce personnage était sans doute un membre de l'extrême gauche de la société protectrice des animaux.

— Mais, lui dit quelqu'un qui passait, vous prêchez l'asservissement de l'homme par l'animal : plus de bride, c'est le cavalier entraîné par le cheval ; plus de cravache, c'est le cavalier maltraité par le cheval ; plus d'éperon, c'est le cavalier broyé, ensanglanté, tué peut-être par le cheval. La bête, n'étant plus gouvernée, gouvernera et emportera son ancien maître partout où il lui plaira, au risque de lui faire rompre le cou. Vous demandez l'asservissement du cavalier par le cheval, voilà tout.

— Vous me calomniez, s'écrie le novateur indigné.

_____

(1) *Réponse au P. Félix*, par Enfantin, p. 12.

Vous êtes en contradiction avec le principe même que j'ai posé, celui de l'*égalité*. J'ai établi que le cheval et le cavalier ont un droit identique, et vous dites qu'il y aura oppression, tyrannie de l'un par l'autre : désaccord évident avec une thèse reconnue par vous-même (1). « Non ! Personne ne vous a dit que le cheval « est *tout*, mais il vous crie lui-même qu'il veut être « quelque chose. Il lutte depuis soixante siècles contre « le cavalier qui le méprise et veut l'enchaîner : il sent, « il sait qu'il est quelque chose. Il en a conscience par « les efforts impuissants qui ont été faits pour le comprimer et l'anéantir ; il veut être reconnu l'ÉGAL du « cavalier : est-ce à dire qu'à son tour il doive le mépriser, le flageller, le crucifier. » Chacun d'eux est souverain dans son domaine, il est temps de se mettre au point de vue du cheval.

— Libre à vous de raisonner comme lui, reprend le passant. Vous dites ce que vous voudriez qui fût, et je vous réponds par ce qui sera. Vous posez un principe, soit ; mais c'est le vôtre et non celui de la nature ; aussi ne s'y soumet-elle pas. La Pratique, en contredisant votre Théorie, ne mérite nullement que vous l'accusiez d'être illogique ; elle vous montre, au contraire, par un fait invincible, qu'en posant votre principe, c'est vous-même qui avez contredit le bon sens, l'observation et les lois positives de la réalité. Le cheval et le cavalier dont nous parlons forment un système indissolublement uni, et, toutes les fois qu'il y aura désaccord entre leur volonté respective, il faudra bien de toute nécessité que, si la bête n'est pas conduite par l'homme, celui-ci soit entraîné dans le sens qui conviendra au caprice de l'animal. Que tel cheval isolé, dans les forêts ou dans les champs, soit complètement indépendant de l'homme qui vit loin de lui et avec lequel il n'a aucun rapport, fort bien ; mais, dès qu'ils sont unis l'un à l'autre en forme de centaure, la nécessité d'un gouvernement est absolue, et l'un des deux est fatalement appelé à mener l'autre : dans un mouvement

---

(1) Remplacez, dans le passage qui suit, les mots : de *cavalier* par celui d'*Esprit*, et de *cheval* par celui de *Chair* ; et vous aurez une citation *textuelle* de la brochure Enfantin, pages 13 et 14.

commun, il faut une direction unique. Dès lors il me paraît sage de donner le gouvernement à l'être raisonnable plutôt qu'à la bête. Tous les hommes seront de mon avis, un animal seul pourra être du vôtre.

Tout le monde de rire, excepté le membre de l'extrême gauche de la société protectrice des animaux.

Qui donc raisonnait ainsi à côté de ce novateur qui ne raisonnait pas ? Un polémiste chrétien ? — Non ! la force des choses.

Dégageons, en une brève formule, la substance de tout ce qui précède.

La dualité contradictoire de notre nature étant donnée, une autorité est nécessaire et les droits incontestables de la souveraineté appartiennent à l'Esprit, vassal lui-même de l'Esprit de Dieu dont il doit s'inspirer, et au nom duquel il doit agir dans la direction de l'être humain.

Nous demandons pardon au lecteur de l'avoir fatigué par cette longue démonstration d'une vérité, sans doute si claire à ses yeux, et d'avoir fait cheminer son intelligence dans les voies un peu sèches de l'abstraction. Mais n'était-il pas indispensable de bien établir, puisqu'on le conteste, le principe même du gouvernement intérieur de l'homme ? Le reste n'est qu'une affaire d'application.

Quel doit être ce gouvernement, et jusqu'à quel point doit s'étendre cette autorité ? L'Esprit doit-il se contenter de la bride et du frein ? Doit-il, au contraire, saisir la cravache et s'armer de l'éperon ? C'est ce qui fera l'objet de la seconde partie de ce travail.

La question va s'agrandir désormais en se développant et prendre un intérêt vraiment général, par l'étude des plus universels sentiments qui puissent agiter le cœur des hommes : la Douleur, le Plaisir, l'Ardeur de vivre, l'Amour. Que le lecteur, peu familiarisé avec la question qui nous occupe, ne craigne point de se perdre dans une digression en apparence si éloignée de notre sujet : l'auteur n'oublie point son but ; et il marche à sa thèse par une route qu'il connaît et que son esprit a parcourue bien des fois.

Parfois les arbres, les collines, les mille accidents du

paysage, la distance, cachent aux regards du voyageur la ville vers laquelle tendent ses pas. Il n'en suit pas moins son chemin, sur la foi de son conducteur, quelque homme du pays, presque toujours inconnu. Tout à coup, au détour d'un vallon, derrière un massif, au sommet d'un coteau, apparaît brusquement à ses yeux la ville tant souhaitée où conduisait le sentier caché.

Reprenons notre marche vers la vérité.

DEUXIÈME PARTIE

VII

DE LA DOULEUR ET DE SA RAISON D'ÊTRE DANS LE MONDE MORAL.

La Douleur est le fait essentiellement universel ; universel parce qu'il atteint tout l'Homme : il souffre dans son corps, il souffre dans son intelligence, il souffre dans son âme ; universel parce qu'il atteint tous les hommes. Le symbole de l'Humanité comme celui de l'individu est un vaisseau, allant de son origine à sa destinée finale, à travers un Océan tantôt calme, tantôt agité, mais dont les flots ne cessent jamais d'être amers.

Il faut souffrir : telle est la loi à laquelle n'a encore échappé aucun des enfants d'Adam.

L'homme peut bien se dérober parfois à telle ou telle souffrance déterminée et prévue, mais échapper à la Souffrance lui est impossible ; elle l'entoure comme un cercle sans issue, il ne l'évite d'un côté que pour la rencontrer de l'autre. Il s'agitera sur sa couche brûlante ; il pourra bien se tourner tantôt à gauche et tantôt à droite, mais il est attaché au gril de la douleur par des chaînes fatales faites d'un métal qui ne se brise pas. La variété même de ces métaphores exprime les formes multiples que revêt la loi qui l'accable. Ce n'est pas qu'il n'ait quelques instants de bonheur, comme un souvenir de son paradis ou un pressentiment de sa fin véritable ; mais ces moments sont rares et courts. Bossuet les compare, dans une image d'une trivialité superbe, à des clous plantés çà et là dans un mur ; ils semblent occuper un grand espace ; réunissez-les, ils tiennent dans le creux de la main.

N'est-ce point là l'histoire universelle du cœur ? Le

bonheur n'est ici-bas qu'une espérance, un mirage, un horizon qui se dérobe et qui trompe les yeux : on le poursuit toujours sans l'atteindre jamais. La Douleur seule est la grande réalité de la vie ; et elle est si profondément inhérente à notre nature, que la philosophie de l'homme n'est au fond que la solution du problème de la Douleur.

Que doit faire l'Homme ?

Doit-il se roidir et se révolter contre cette inéluctable fatalité, et, la considérant comme le mal absolu, chercher avant toutes choses à fuir la souffrance et à trouver le plaisir ? Doit-il au contraire, y voyant une loi divine, expiatoire et d'ailleurs inévitable, en subir l'application avec une résignation courageuse et ne s'en point troubler ?

Doit-il même aller jusqu'à considérer la Douleur comme un bien relatif, comme un remède à un mal permanent ici-bas, et, par conséquent, dompter ses tendances naturelles jusqu'à la rechercher et l'aimer ?

Tels sont les trois points de vue auxquels peut se placer l'homme en face de la douleur.

La première de ces solutions est celle que pratique le monde et que le matérialisme saint-simonien voudrait élever à la hauteur d'une philosophie, suivant les traces des *impossibilistes* de tous les temps, dont l'insuccès aurait dû le décourager ;

La seconde est la règle imposée à tous les chrétiens par les *préceptes* formels et les exemples de Notre-Seigneur ;

La troisième se traduit par cette voie exceptionnelle et étroite, recommandée par les *conseils* de Jésus-Christ et par le plus grand nombre de ses exemples. Elle est suivie par l'élite de l'Eglise universelle, c'est-à-dire par la généralité des saints et par tous ceux qui aspirent à la perfection : ils ont presque tous recherché la Douleur. Les Religieux des divers Ordres, hommes et femmes, nous en offrent, même de nos jours, le spectacle quotidien.

On le voit : la Sainteté prend précisément le contrepied et l'autre extrême de la Pratique du monde et de la Philosophie que nous combattons. Quant au vulgaire des chrétiens, ils ont pour devoir rigoureux le parti intermédiaire qui consiste à se résigner à la Douleur sans la rechercher ni la fuir ; et encore ce dernier parti lui-même doit-il tendre vers l'ascétisme par certaines pratiques commandées, telles que le jeûne, l'abstinence, etc.

Sans oublier que le mal évité et le bien accompli sont, sous une double formule, le but unique de la vie, le Catholicisme n'ignore pas que la grandeur du résultat est toujours proportionnelle à la puissance placée dans les moyens, et il considère comme un thermomètre, généralement exact, de la valeur morale de l'Homme, l'énergie de sa volonté en face de la Douleur. Honte à qui en a peur ; honneur à qui l'accepte avec courage ; gloire à qui la recherche comme une expiation des fautes de sa vie, comme un remède aux maladies et aux misères de son âme, comme une amoureuse communion avec les souffrances du Dieu mort sur la Croix pour son salut éternel ! Ainsi se résume en quelques mots la doctrine de l'Eglise sur ce problème fondamental.

La pensée catholique est, en cela comme en tout, en parfaite harmonie avec la nature des choses et la constitution intime du cœur humain. La Douleur n'est point le mal, elle est le remède du mal. Elle est la plus merveilleuse des inventions divines.

Lorsque le Péché entra dans le monde, la miséricorde de Dieu, bien plus que sa justice, envoya la Douleur comme remède à toutes les calamités qui devaient germer de ce fruit du Bien et du Mal, si malheureusement cueilli par le premier père des humains. La vie d'ici-bas n'étant qu'un stage provisoire pour arriver à une cité parfaite, à une Jérusalem céleste d'où la mort est bannie, l'homme dut souffrir pour ne pas s'attacher à cette vie fugitive et pour se tourner vers son véritable pays. L'exilé qui emporte avec lui sa richesse ne tarde pas — (sauf quelques grands cœurs, et j'en connais), à oublier au milieu du luxe de sa demeure nouvelle le charme et la beauté de sa patrie lointaine. Celui, au contraire, qui y laissa ses trésors et sa puissance et qui ne trouve à l'étranger que la misère, le travail et la peine, porte continuellement ses regards vers la contrée qui résume pour lui toutes les félicités de la vie. Il conspire pour y rentrer, il se bat, il brave tous les dangers, il expose ses jours pour reconquérir sa nationalité et reprendre sa place et son rang sur cette terre sacrée, d'où le malheur l'exila jadis et où il veut revenir. La pensée du retour l'enflamme d'un indomptable courage. Ainsi de l'Homme : nous sommes tous des Princes bannis.

Si Dieu ne nous eût ramenés à lui par la Douleur, qui donc eût songé à reprendre le chemin de la patrie ? Qui ne se fût arrêté, qui ne s'arrête, hélas ! dans les passagères délices que nous trouvons au sein de l'exil ? Qui de nous eût chanté le *Super flumina Babylonis*, s'il eût goûté en paix et sans contrepoids les voluptés de Babylone, et s'il n'eût senti ses larmes se mêler aux flots de l'Euphrate ? La Douleur nous détache de tout ce qui passe pour nous unir à tout ce qui est éternel ; en nous dégageant du relatif, elle nous ramène vers notre principe absolu ; en nous éloignant de la terre, elle ne peut que nous rapprocher du Ciel. Celui-là est bien près de connaître le prix de l'autre vie, que le malheur a convaincu de tout le néant de celle-ci. Heureux ceux que la souffrance a désenchantés de toutes les vanités misérables dont s'éprend notre cœur ! Leur œil s'ouvre par cela seul aux splendeurs du monde invisible : *Beati mundo corde, quoniam ipsi videbunt Deum*. C'est Dieu lui-même qui l'a dit, et la raison le confirme.

Le cœur de l'homme est fait pour aimer, et pour aimer d'une façon à la fois exclusive dans son objet et infinie dans ses aspirations. Si l'homme, rebuté par la souffrance qu'il rencontre ici-bas et par le spectacle de la fragilité de tout ce qui constitue cet univers que connaissent les sens, en arrive à comprendre que le bonheur n'est point sur la terre et à ne plus se tromper aux charmes de la créature, il faut de toute nécessité qu'il aime autre chose ; et alors il se tourne vers Dieu.

Je me souviens qu'étant tout petit écolier, j'aimais, ne fût-ce que pour ralentir le chemin qui me conduisait chez le magister de mon village, à émietter mon pain devant une fourmilière qui se trouvait sur ma route. Parfois, une fourmi ne voyait pas le trésor que j'avais jeté non loin d'elle ; elle courait d'un autre côté. Vite, je lui barrais le passage. Elle tentait de retourner sur ses pas : autre obstacle que je mettais à sa marche. Je luttais ainsi contre toutes ses tendances, jusqu'à ce qu'elle se dirigeât vers la miette que je lui destinais et qu'elle saisît dans ses antennes ce don de ma munificence. Elle l'emportait avec mille joyeux efforts, et je la regardais, cent fois plus heureux qu'elle, heureux du contentement de ce petit être que je faisais vivre et dont je me plaisais à deviner les sensations. Eh bien ! mon enfance naïve devinait en cela et employait la politique de Dieu. Celui qui veut que nous l'appelions Notre Père ne jette sur notre route toutes les misères de l'Enfant Prodigue que pour nous forcer au même retour. Malheureusement, nous sommes moins dociles que la fourmi ; et Dieu, d'ailleurs, respecte en nous la liberté afin de nous laisser le mérite, considération dont je tenais peu de compte, comme on le pense bien, dans ma conduite avec l'animal.

La Douleur est donc une voie qui conduit à Dieu : elle est en même temps une expiation et un remède, c'est-à-dire un moyen de rétablir l'équilibre troublé par le Péché. Cela est également vrai dans l'ordre physique et dans l'ordre moral : l'excès du Plaisir appelle forcément la compensation salutaire de la Douleur. Si un homme a trop mangé, le médecin le met à la diète ; il a trop joui, il faut qu'il souffre. C'est fatal ; et le remède n'est habituellement qu'une maladie en sens inverse : la moyenne s'établit entre ces deux extrêmes, et c'est là la santé.

On rirait d'un homme qui, voulant redresser un arbre courbé à gauche, se contenterait de le relever dans la direction de la verticale :

— Recourbez-le à droite, s'écrierait le premier paysan venu.

L'Église ne fait qu'appliquer à l'ordre moral le bon sens de ce paysan. Le libre arbitre de l'homme est incliné d'une façon désordonnée vers le Plaisir : il le faut pencher violemment vers la Douleur, si l'on veut atteindre la normale.

Qu'un homme, emporté par le plus violent orage des sens, se flagelle avec des orties, et certes ses tumultueux désirs passeront et feront place au calme le plus absolu. Saint Benoît, puissamment travaillé par le démon de l'impureté, se jette dans un buisson où il ensanglante sa chair, et toute tentation disparaît. Un autre se roule dans la neige. Quel est donc ce martyr qui, soumis aux plus terribles séductions qu'on pût présenter à sa chasteté, mordit sa langue jusqu'à se la couper et la cracha au visage de la misérable créature qui le tentait ?

En pareilles circonstances, un bon saint-simonien eût respecté le blanc tapis de la neige ; il eût craint de troubler la paix des oiseaux cachés sous la feuillée du buisson, et sa langue parfaitement intacte célébrerait encore la théorie du plaisir.

Les douleurs aiguës d'un mal de dents font tomber tout à coup l'ardeur des Don Juans les plus effrénés, et, après une course de quinze lieues à travers bois, M. de Richelieu lui-même devenait platonicien.

Les anciens connaissaient bien ces effets produits sur l'homme par la souffrance ou le travail pénible : la statue de la Douleur représentait une Vierge, et Diane, la Déesse de la chasse ou de la fatigue, était aussi la Déesse de la Chasteté. Endymion ne fut qu'un amour idéal et à distance, que lui ont pardonné tous les esprits sérieux, et qui ne la compromit que dans le conciliabule malin des mauvaises langues de l'Olympe.

Tel est le point de vue terre à terre de cette immense question de la Douleur, tel est son côté mathématique et nécessaire, telle en est la loi abstraite et, pour ainsi dire, la lettre morte. Mais aucune des lois qui régissent l'homme n'est morte ; et l'abstraction dans laquelle on les peut présenter n'est qu'un procédé intellectuel, une analyse de ce que la nature des choses synthétise en une unité magnifique. Rien n'est isolé en nous : tout principe qui gouverne un des côtés de notre être les gouverne tous et doit à la fois éclairer l'Esprit, tourner au profit de la Vie et réchauffer le Cœur. C'est en la contemplant de cet horizon qu'on voit la thèse de la Douleur s'élever véritablement et prendre une grandeur singulière. Cependant, avant de nous y placer, il est nécessaire de rester encore un instant dans les études purement psychologiques.

VIII

CONSTITUTION DE LA NATURE HUMAINE. — LE RÉEL ET L'IDÉAL.

Tournons donc nos regards les plus attentifs sur la constitution de la nature humaine, et choisissons pour nos guides, dans ce délicat examen, ces vieux maîtres de la Doctrine catholique trop oubliés des libres penseurs de nos jours, et que vient de remettre si vivement en lumière, dans une série d'intéressantes leçons, un grand artiste qui est en même temps un grand philosophe, François Delsarte. La théorie de l'homme incomplet, celui de la Chair, sera renversée par la simple exposition de la théorie de l'homme complet.

L'Homme, fait à l'image de Dieu, placé d'ailleurs au point moyen de l'Univers, entre le domaine des purs Esprits et celui de la Matière inerte, a trois facultés bien distinctes : il vit, il pense, il aime ; et ces trois facultés de son être se pénètrent de façon à ne faire qu'un seul et même homme. Par la Vie sensitive, il communique avec la matière ; par l'Esprit il se concentre sur lui-même ; par l'Ame il est en rapport avec les êtres immatériels, depuis les autres âmes humaines jusqu'à Dieu. Cette triplicité intime se traduit au dehors par un triple organisme dont nous n'avons pas à nous occuper.

De là, trois tendances : par les sensations, par les instincts, par les sympathies de sa Vie, l'homme tend vers le Beau ; par ses jugements, par ses inductions, par sa conscience, son Esprit tend vers le Vrai ; par ses sentiments, par son côté intuitif, par la contemplation, son Ame tend vers le Bien.

Et le malheur de l'homme ici-bas, c'est de n'y rencontrer qu'à un état incomplet, rudimentaire ou plutôt ruiné, le Beau, le Vrai ou le Bien ; ce qui surtout le fait souffrir, c'est de ne trouver ces trois types, même déchus, que séparés et presque toujours contradictoires les uns aux autres. Il se laisse parfois aller à ce qui lui semble plus ou moins réaliser le Beau, mais son Esprit lui dit que tout cela passe, tandis que son Ame se trouble et s'écrie que ce Beau n'est pas le Bien. Se rejette-t-il sur la science ? il s'instruit, il fait de l'exactitude, mais la même voix s'élève du fond de son cœur et lui dit : Malheureux ! ce n'est pas là le Bien ! La Chair lui dit : « Cela est mort ; regarde la beauté d'une femme, c'est plus aimable que cent théorèmes. » Et s'il cherche le Bien, tel que la Charité envers les malades et les pauvres, la Chair, devant ces haillons et ces affreuses chambres, fait entendre ses protestations, et l'Esprit, venant à l'aide des sens, suggère ses doutes et prétend qu'il ne faut pas être la dupe du cœur. *Eheu, miser !*

Qui ne se reconnaîtrait dans ce lamentable portrait ? De qui, dans ces quelques lignes, n'ai-je pas raconté la vie et reproduit les contradictoires aspirations ? Qui, cependant, n'est dominé par une certaine tendance à l'unité que nul n'a réalisée et qui persiste pourtant au fond du cœur, malgré la constante expérience de son impossibilité pratique. Quel homme, même perdu dans les abominations et dans l'abrutissement des sens, n'a pas rêvé ou du moins souhaité un état idéal où il pourrait trouver le plaisir dans l'accomplissement même du devoir et dans le culte de la Vérité ? Quel anachorète, quelque abîmé qu'il pût être dans les ravissements de l'Esprit, ne s'est plu à songer qu'un jour enfin cette lutte finirait et n'a aspiré au moment du vrai repos, c'est-à-dire à la reconstitution de sa nature dans son harmonie primitive ? De quel sentiment, sinon de celui-là même que j'exprime, proviennent les utopies de tous les temps et particulièrement l'utopie dont je m'occupe aujourd'hui ? Hélas ! c'est là tout l'Homme, l'homme déchu, et ce qui se passe en lui constate cette politique de Dieu, qui a mis le malaise au fond du mal, d'abord pour lui faire reconnaître et ensuite pour guérir les misères de sa nature tombée.

Aussi, et j'en atteste l'instinct, la pensée et le sentiment du genre humain tout entier, sans crainte d'un seul démenti, l'Homme ne peut être complètement heureux qu'à la condition de posséder, dans un seul et même élan de son être, le Beau, le Vrai et le Bien harmoniquement réunis en un type unique, en un être vivant, adoré et possédé.

On trouvera peut-être, comme je le disais moi-même tout à l'heure, que ce sont là de pures abstractions ; et que les abstractions, ne s'adressant qu'à l'entendement, glissent sur le cœur et ne pénètrent point dans ce que l'homme a de vraiment vivant. Cela est vrai : et je crains bien, répondant à une philosophie sensualiste, d'être obligé, pour me faire entendre, d'abaisser un instant l'idéal au niveau de nos instincts et de traduire le Paradis en partant d'un sentiment que chacun comprend, quoique presque tous l'aient misérablement profané. La Bible qui exprime si souvent les inénarrables enivrements de l'amour divin par les paroles mêmes et les images les plus brûlantes de l'amour humain, me servira d'excuse en ce siècle qui a tant de pudeur dans les oreilles ; et la nécessité où je suis de faire pénétrer ma pensée jusqu'en ces esprits dévoyés qui se sont mis au niveau ou plutôt au service des sens, justifiera ce que mon hypothèse pourrait avoir de choquant pour quelques âmes délicates. Le missionnaire qui veut convertir des sauvages commence par parler leur langue. Hélas ! nous ne sommes que trop portés à parler complaisamment la langue des passions et des tendresses d'ici-bas !

Eh bien ! la nature de l'homme étant ainsi analysée et mon hypothèse pardonnée à l'avance, j'imagine que nous rencontrions un jour une créature humaine douée de ce rare et délicat ensemble qui constitue la Beauté : une forme pure, splendide et gracieuse, illuminée par l'éclair de l'esprit et de l'intelligence, animée et idéalisée par le feu d'une grande âme et d'un cœur vraiment bon. Devant ce type accompli de la perfection absolue, dont tout ce que nous aurions pu admirer jusqu'ici ne serait que l'aurore lointaine ou le reflet déshonoré, je suppose que nous nous sentions envahis par une passion infinie et que nous aimions de toutes les forces de notre être cette vivante et incomparable beauté. Je veux encore qu'après une longue résistance qui aura multiplié, pour ainsi parler, en le développant, l'infinité de notre cœur ; qu'après mille obstacles vaincus pour elle ; je veux, dis-je, (et le lecteur me suivra aisément dans cette partie de mon hypothèse) que cette créature presque divine, s'éprenant elle-même de nous, nous aime avec une égale tendresse et qu'elle nous livre son âme et nous donne sa vie dans la mystérieuse union des plus délicieuses noces qui furent jamais. *Dilectus meus mihi et ego illi.* On comprend, on devine, on pressent une telle félicité. Quelques-uns l'ont éprouvée peut-être : aucune langue humaine ne la peut exprimer. Mais quels sommets atteindra ce bonheur et à quelles paroles recourir pour le peindre si, par le seul fait et en proportion même de cet amour, il advient, inexplicable merveille, que l'œil de notre Esprit s'ouvre soudain sur toutes choses ; que notre intelligence ravie reçoive subitement la pleine lumière de toutes les vérités et possède l'intuition même de la Religion, des sciences, des lettres, de la Philosophie et des arts, à un point comparativement si élevé que le génie infatigable des Bossuet, des Képler, des Newton, des Homère, des Dante, des Michel-Ange en ait à peine entrevu les plus grossiers et les plus rudimentaires éléments ? Ce n'est point tout : je suppose que cet amour de la plus belle des créatures humaines donne non seulement à notre Esprit la claire lumière du Vrai, mais qu'il soit encore pour notre Âme la plénitude du Bien et que, inondés de tant de bonheur et de science, la tête et le cœur perdus dans cet océan de félicité, nous sentions au fond de notre conscience que nous sommes dans le Bien absolu et dans la Vertu, plus que si nous secourions les pauvres ; plus que si nous donnions aux malheureux tous les dévouements de notre existence ; plus que si nous étions les martyrs de l'apostolat et de la charité ; plus que n'y furent jamais les Saints et les bienfaiteurs de l'humanité, plus que les François Xavier, les abbé de l'Épée et les Vincent de Paul. Aimer, et que cet amour sans bornes et pleinement satisfait, qui remplit tous les instincts et toutes les aspirations de la Vie, soit en même temps la science sans limites qui remplit l'Esprit, et la vertu absolue qui remplit l'Ame : quelle destinée ! On n'y peut penser sans de profonds tressaillements et aussi, hélas ! sans un amer retour sur les déceptions d'ici-bas et sur les misères de notre cœur. Que ce tableau idéal s'encadre dans la possession, donnée en récompense à cet amour, de toutes les richesses de l'Univers, dans les enivrements de la puissance et de la royauté sur le plus grand empire du monde, dans le séjour fortuné d'un merveilleux et splendide pays, peuplé de palais, plein d'arbres touffus où chantent les oiseaux, de jardins magnifiques où embaument les fleurs, sillonné par des fleuves clairs et tranquilles ; dans toutes les délices que peut enfanter l'imagination la plus ardente ; que l'écrasante joie que tout cela représente se multiplie encore par la certitude d'une jeunesse éternelle, d'une félicité toujours croissante, par le spectacle et la compagnie d'une multitude d'amis aussi chers à notre cœur que nous-mêmes et jouissant du même bonheur ; et nous aurons alors, dans notre hypothèse, atteint la complète réalisation de notre chimère terrestre, le Bonheur.

Quel cerveau humain, dans les *Mille et une Nuits* qu'il se plaît à se raconter lui-même, a pu aventurer son rêve aussi loin ! Et ce n'est pourtant là que l'image abaissée de la fin de l'homme dans ce Royaume du Ciel qu'il doit conquérir. Je n'ai tracé que le roman incomplet de nos espérances et de nos destinées. Pour arriver à quelque réalité, il faut remplacer le nom de la créature par celui du Créateur et multiplier par l'infini le triple rayonnement de ce bonheur unique.

Ah ! certes, ce ne sera en effet que par la transfiguration de nos corps et dans le pays de l'immortalité que se réalisera ce rêve splendide ! Ici-bas où le plaisir nous fatigue, un tel bonheur nous tuerait : tombant sur notre pauvre et débile nature, il foudroierait l'être humain et anéantirait les sources de notre vie, trop faible pour supporter une aussi effroyable félicité.

Voilà le Paradis de Dieu. Que devient devant une telle magnificence, le paradis bourgeois de cette philosophie sans grandeur, ce ciel en diminutif que quelques pauvres hommes parlent de réaliser sur cette terre, à l'horizon de laquelle leur esprit voudrait ravaler l'idée de nos âmes. Qu'ils aillent à la Messe : ils y entendront un grand mot : *Sursum corda !* « le cœur en haut ! » Et puisqu'ils veulent du bonheur, qu'ils aient le courage de le vouloir sans lâche timidité, avec quelque verve, avec quelque énergie, plein, entier, sans limites : la puissance de Dieu sera toujours plus grande que l'imagination de l'homme. *Sursum corda ! sursum corda !*

Qu'ils méditent ce mot, ce mot qui renferme dans une admirable concision la tendance générale que doivent avoir les aspirations de l'Humanité. Il faut aimer d'abord le Bien, c'est-à-dire Dieu, de toute son âme, et renoncer courageusement à tout ce qui nous éloigne de lui, pour retrouver un jour, dans son sein et au centuple, toutes les félicités sacrifiées ici-bas ; il faut perdre dans cet immense courant toutes les forces de notre être ; il faut enfin quitter la terre, si l'on veut prendre la route du Ciel : *sursum corda !* « Qui me donnera des ailes comme à la colombe ? » dit aussi la sainte Écriture.

Les matérialistes veulent couper les ailes de notre âme. Ils se contentent de ce monde et se croient passionnés. Nous avons, nous chrétiens, de bien autres ambitions et des ardeurs plus puissantes. Ils veulent de l'argent et de l'or, un parc et quelques châteaux ; nous aspirons à posséder les richesses universelles et toutes les splendeurs de la création. Ils souhaitent être directeurs de chemins de fer ou ministres : nous prétendons être rois ; et, devant notre future couronne, toutes les souverainetés de la terre seront un monceau de fumier à côté d'une montagne de diamant. Ils cherchent à se caser commodément en une existence de quelques fugitives années ; nous ne voulons rien moins que le Bonheur sans bornes et une complète Immortalité. Devant la douteuse beauté d'une femme, en face d'une créature sujette aux mêmes misères, qui vieillit, qui tombe en ruines et qui meurt, ils se déclarent satisfaits ; tandis que, quittant le reflet pour chercher le soleil, nous voulons posséder l'éternelle et immortelle Beauté, l'archétype même de tout ce qui peut en ce monde charmer nos yeux et séduire notre cœur. Le sensualisme est au Christianisme ce que l'infiniment petit est à l'infiniment grand.

IX

RÉHABILITATION DE LA CHAIR. — PHILOSOPHIE DE L'IDÉAL.

Le philosophe matérialiste prétend qu'il a pris les mots de *réhabilitation* de la Chair, *résurrection* de la Chair, « dans l'arsenal des espérances chrétiennes », et il s'étonne que les catholiques trouvent sa doctrine nouvelle et hétérodoxe. Il ne s'aperçoit pas que pour ressusciter il faut mourir, et que, par conséquent, la réalisation des aspirations chrétiennes ne doit avoir lieu que par delà le tombeau et nullement en cette vie. Ces Messieurs voudraient ressusciter sans mourir. Ce n'est pas logique.

Oui, certes, nous croyons à la réhabilitation, à la résurrection, à la transfiguration de la Chair ; mais *après cette vie*. La Chair, nous l'avons dit, n'est pas mauvaise en soi. Cette cité nous appartient en droit ; mais, en fait, elle se trouve occupée par l'ennemi, et, par suite, exposée à subir de nos propres mains tous les hasards et tous les accidents de la guerre. Nous la démantelons au moment du combat, sauf, après le triomphe, à la reconstruire sur un plan plus parfait. Ce sera l'œuvre de l'Esprit vainqueur.

La façon même dont nous avons parlé du bonheur des élus : l'article de foi du Symbole des Apôtres, *Credo carnis resurrectionem,* prouve que ni l'Église, ni les fidèles, n'ont oublié ce point fondamental des promesses du Rédempteur.

Lorsqu'eut lieu à Reims le sacre du roi Charles VII, Jeanne d'Arc, en entrant dans la cathédrale tendue de soie et d'or, illuminée par dix mille cierges, tenait fièrement en sa main l'oriflamme qu'elle avait portée sur les champs de bataille, son oriflamme toute déchirée, souillée de sang et de poussière. On voulut lui enlever ce haillon :

— Laissez ! laissez ! s'écria la Pucelle, comme il a été à la Peine, il doit aller à la Gloire.

Une légende rapporte que l'oriflamme brilla soudain d'une éclatante lumière et que de chaque déchirure jaillit un rayon.

Le corps ressuscitera. Ce vieux compagnon de nos combats et de nos douleurs pénétrera avec nous dans la basilique éternelle, où l'Homme doit recevoir son sacre définitif et entrer en possession de son impérissable royaume.

La différence qu'il y a entre les sensualistes et les Chrétiens et que nous avons tout à l'heure indiquée, n'est pas dans ce désir de richesses et de bonheur qui leur est commun, mais dans l'énergie même avec laquelle ils l'éprouvent et dans le lieu où ils en placent la réalisation. Les uns, voyant la richesse dans les biens visibles, la cherchent hors d'eux-mêmes et veulent en savourer les plaisirs dès ces jours mortels ; les autres, pénétrés de cette pensée que la vraie richesse est dans l'âme, la cherchent en eux-mêmes et pour en jouir pleinement en une autre vie. Ceux-ci la veulent extrinsèque et conséquemment pour des privilégiés ; ceux-là, intrinsèque et à la portée de tous. Les premiers, en économistes, prétendent que la valeur, c'est l'argent ; les seconds répondent : la valeur, c'est l'Homme lui-même ; deux mots qui manifestent la dignité respective de ces deux doctrines. Une âme élevée n'hésitera pas entre la religion du Sacrifice et la religion du Bénéfice.

La vraie Californie est au-dedans de nous-mêmes, et voilà pourquoi il faut prendre la pioche et déchirer le sol même de notre nature, pour aller y chercher les richesses véritables qui y sont enfouies. Les vrais trésors, ce sont ces béatitudes proclamées par le Fils de Dieu sur cette montagne sacrée d'où sa parole ne tarda pas à retentir dans tout l'univers, malgré les protestations des sensualistes de tous les temps et des sophistes de tous les jours.

« Bienheureux, vous qui êtes pauvres, parce que le

« royaume des Cieux est à vous ! Bienheureux, vous
« qui avez faim maintenant, parce que vous serez ras-
« sasiés ! Bienheureux, vous qui pleurez maintenant,
« parce que vous rirez. Bienheureux serez-vous, lors-
« que les hommes vous haïront, lorsqu'ils vous sépare-
« ront, lorsqu'ils vous injurieront, lorsque votre nom
« leur sera en exécration à cause du Fils de l'homme.
« Réjouissez-vous alors, parce qu'une grande récom-
« pense vous est réservée dans le ciel, *in cœlo*. C'est
« ainsi que leurs pères traitaient les prophètes. »

Et il ajoute : « Malheur à vous, riches, car vous avez
« votre consolation ! Malheur à vous qui êtes rassasiés,
« parce que vous aurez faim ! Malheur à vous, qui riez
« maintenant, parce que vous serez dans le deuil et
« dans les larmes ! Malheur à vous, lorsque les hommes
« parleront bien de vous ; car c'est ainsi que leurs
« pères faisaient à l'égard des faux prophètes ! »

Et pourquoi ces béatitudes ? pourquoi ce bonheur au sein de la souffrance ? pourquoi cette malédiction du plaisir ? pourquoi cette perpétuelle antinomie dans la bouche de ce Jésus, dont quelques-uns de ces philosophistes ont l'insolente impudence de se dire les continuateurs ? Nous l'avons dit : parce que, l'antagonisme étant posé entre les tendances diverses de notre nature, la lutte est la condition du triomphe et que cet amour de Dieu, qui un jour nous transfigurera à jamais et nous donnera toutes les félicités, doit commencer à germer au sein des débris, dirai-je brutalement sur l'abject fumier des choses d'ici-bas ; parce qu'il faut faire dormir la passion pour la développer plus tard dans toute sa splendeur ; parce que, comme l'épi de blé, dont la nature nous déroule tous les ans l'admirable et touchante parabole, l'homme doit d'abord souffrir et mourir en cette terre, afin de revivre et de briller dans le monde de la lumière ; parce que, par un mystère universel depuis la chute, la mort est la condition de la vie ; parce qu'un monde éternel est le contre-poids et la contre-partie de ce monde qui passe, et que la Douleur d'ici-bas est l'élément dont Dieu se sert pour composer le Bonheur de là-haut.

Remarquons en passant que cette espérance pleine

d'immortalité, fût-elle un mensonge, dès qu'elle est profondément entrée dans l'âme et dans l'esprit, donne à l'homme plus de contentement que n'en réalisa jamais la fortune d'un sensualiste qui croit mourir. Le plaisir ou le chagrin ne sont pas dans les choses, mais dans le sentiment qu'elles inspirent. Or, l'espérance d'un vrai chrétien, reposant sur une foi inébranlable, transforme, pour lui, en plaisir, les peines les plus cuisantes ; car elle lui montre dans chaque douleur de la vie un échelon qui élève d'un degré de plus le Bonheur éternel que Dieu lui réserve. Le mineur qui cherche l'or au sein de la terre se réjouit d'autant plus que la masse qu'il découvre est plus lourde à porter ; et plus il a de peine, plus il a de joie, sachant bien que la fortune qu'il a trouvée sera proportionnée au poids qu'il soulève. Or, la Religion est comme ce roi de la fable qui changeait en or tout ce qu'il touchait : elle fait de la Douleur le plus précieux des métaux, celui avec lequel on achète le Paradis.

L'Homme qui a mis son idéal sur la terre ne l'a pas plus tôt atteint qu'il en voit la vanité et s'en dégoûte soudain : les chrétiens, plaçant le leur par-delà le tombeau, ne peuvent connaître ni la désillusion, ni le dégoût ; car, en ce monde, la possession n'arrive jamais. Quelle sagesse, même au point de vue humain, quelle connaissance du cœur, dans cette philosophie qui, d'un côté, abaisse l'idéal à la portée de nos yeux et, de l'autre, l'élève hors de celle de notre main ; qui nous permet de l'approcher toujours sans le jamais atteindre ici-bas, tout en nous donnant la certitude de le posséder un jour pleinement ! Quelle profonde harmonie avec la nature et les besoins de notre âme ! On a vu des gens heureux de ce qu'ils espéraient, on n'en rencontrera jamais qui soient heureux de ce qu'ils possèdent. Cela revient à cette parole de l'Évangile à laquelle nous faisions tout à l'heure allusion : « Le royaume de Dieu est au-dedans de nous-mêmes. »

Si donc le métal pesant que les chrétiens se plaisent à traîner jusqu'au seuil de leur vie n'est qu'un plomb vil que l'espérance a doré, qu'un pur néant, qu'importe après tout ? Ils ont passé leurs jours dans cette même espérance qui a jeté son reflet sur toutes choses et qui, pour eux, a été l'aurore toujours contemplée du soleil qui se lève derrière la tombe ; ils sont morts en continuant leur rêve immortel sur le doux oreiller d'une foi tranquille ; leur croyance a duré autant qu'eux-mêmes et ils en ont vécu jusqu'au dernier soupir. Ne sont-ils pas les seuls qui puissent être dits avoir été heureux en ce monde, leur espérance ayant, dès ici-bas, escompté le bonheur du Ciel ?

X

DU BESOIN DE SE SENTIR VIVRE ET DU DOUBLE COURANT DE LA PASSION HUMAINE.

Revenons cependant, d'une façon plus précise, au thème de la Souffrance. Qui ne l'a remarqué ? Même en dehors de tout espoir chrétien et par elle-même, la souffrance produit un bien. L'âme est rafraîchie par la Douleur et par les larmes, comme la Nature par un orage. Quoi qu'il en soit du monde ultérieur, dans celui-ci la Douleur nous donne une vigueur nouvelle ; et il semble même que je ne sais quelle saveur de félicité se mêle au point extrême de son amertume. On croirait que ce monde est un grand autel et que Dieu est présent au fond de tous les calices.

D'où dérive ce singulier phénomène ? Il provient d'un des plus étranges et des plus intimes besoins de l'âme, un des plus curieux, et il est bon de l'examiner. C'est l'étude de ce sentiment et de celui de l'Amour qui nous conduira au but de ce travail et à la brève exposition de notre thèse, conclusion évidente de cette analyse du cœur humain.

L'irrésistible attrait du cœur de l'Homme n'est pas le Plaisir, c'est la Vie elle-même, et (en dehors du péché qui est le mal absolu) la plaie lamentable de son âme n'est point la Douleur, c'est l'Ennui.

L'Homme veut vivre et se sentir vivre, et c'est là,

avec l'Amour que nous examinerons aussi, tout le principe de ses passions et de ses actes. Il veut constater, pour ainsi dire, sa vie et en savourer les tressaillements, soit dans la frémissante ivresse du plaisir, soit dans les terribles émotions du danger et de la douleur. C'est une loi fatale de son être : il ne se peut supporter dans cet état incolore et tiède où sommeillent dans la torpeur toutes les activités et toutes les exubérances de sa Vie : un ennui semblable à la mort le saisit au milieu de cette atonie de son âme, tant il est vrai que l'Homme n'est pas fait pour se reposer ici-bas ! Il regarde autour de lui, il parcourt parfois le monde, cherchant le plaisir, cherchant la douleur, c'est-à-dire cherchant la Vie, la Vie dans son miel le plus doux ou dans ses plus âcres saveurs ; et, par une étrange antithèse, ne trouvant quelque tranquillité qu'au sein même de l'agitation. Cette recherche d'émotions à tout prix, c'est la passion. De là cet impétueux courant qui emporte l'Homme vers la frénésie des sens ; de là aussi ce singulier attrait pour le danger, cet amour pour l'aventure qui se rencontre, plus ou moins comprimé, au fond de certaines âmes et qui, soit dans le bien, soit dans le mal, constitue jusqu'à un certain point le thermomètre de leur grandeur native et de leur énergie. Les âmes lâches fuient l'émotion qui vient du danger pour ne chercher que celle qui vient du plaisir, et elles s'abaissent encore par la pratique de ce culte avili. Les puissantes âmes, au contraire, ne sauraient croupir dans cette fange : elles se plaisent à mesurer et à développer leur propre force et l'énergie de leur vitalité au sein des combats et dans la rude tâche de dompter la douleur et de surmonter le péril. Pour ces âmes-là, le plaisir n'est qu'un accessoire, une halte, une heure de repos entre les deux batailles, une fleur ou un fruit cueilli au bruit de la fusillade et au galop d'un cheval ; pour les autres, c'est le but de la vie : « Hâtons-nous de parer et d'embellir l'Humanité (1) ! » s'écrie galamment le sensualisme moderne, en se ressouvenant des roses du bel âge.

Pour qu'Hercule soit grand, il faut qu'il accomplisse ses gigantesques travaux, qu'il brave les dangers, qu'il

---

(1) Enfantin. *Loc. cit.*

surmonte la douleur, qu'il détruise les monstres, qu'il garde toujours en sa main cette massue qui fut le sceptre de sa gloire. Le sensualiste lui veut mettre éternellement entre les doigts la vile quenouille d'Omphale. Malheur et honte au héros s'il écoute le philosophe! Non! non! cette basse théorie n'est pas faite pour les demi-dieux; ce n'est point celle d'Hercule; c'est tout au plus celle du beau Pâris. Pour surmonter la Douleur, il faut être brave; c'est assez que d'être lâche pour aimer le Plaisir.

Quiconque a quelque pratique de la vie n'ignore point l'infaillible terme où conduisent les deux courants dans lesquels peut se mouvoir la Passion. Il suffit d'avoir vu le visage martial et doux des hommes qui ont vécu dans le danger, celui de certains vieux soldats qui ont mené la vie des camps sur le sol brûlant des champs de bataille; il suffit d'avoir rencontré quelque vieillard qui, ayant porté de longues années le poids du malheur, dans les travaux, dans les foudroyantes séparations ou dans l'exil, garde sur son front attristé, mais calme, la majesté et la mansuétude d'une âme sereine et élevée; il suffit d'avoir pénétré dans la cellule de quelque bon et austère religieux, transfiguré par les pratiques du cloître, pour bien comprendre que la Douleur est la grande et véritable école où se forment les âmes humaines.

Voyez au contraire les hommes de Plaisir: fronts avilis, regards durs, bouches sensuelles dont un œil observateur ne tarde pas à découvrir la secrète férocité; égoïsme profond, mal dissimulé sous des formes caressantes; tel est ce type affreux. L'habitude de le rencontrer en ce temps de mœurs dépravées ne peut blaser une âme honnête sur l'horreur qu'il doit inspirer.

Le plaisir corrompt.

Un homme naquit un jour, doué des charmes de l'esprit et des plus heureux penchants du cœur: à seize ans, l'éclat d'une naïve bonté illuminait son visage, dont ses contemporains aimaient à admirer la grâce et dont ils nous ont transmis la tradition. Les sages d'alors, ceux qui étaient le plus consommés dans la science et dans l'habitude du Bien, se plaisaient à se pencher sur cette âme pour respirer le parfum de ses délicates vertus. Ce jeune homme, si bien doté des dons du ciel, était beau, riche et puissant, et il rêvait de faire le bonheur d'un grand peuple dont Dieu lui avait confié la destinée. Passionné d'abord pour cette pensée, voilà que dans la sève de son adolescence il se tourna vers les délices. Il ne tarda pas à s'y plonger avec toute l'énergie de sa grande âme. Épicurien consommé (on appelait ainsi les sensualistes de ce temps-là), il inventa de nouveaux plaisirs et les célébra lui-même sur sa lyre d'ivoire, car c'était un grand poète et un incomparable chanteur : il multipliait les voluptés des sens en y mêlant les délicates jouissances des arts. N'est-ce pas là l'idéal des doctrines que je combats ? Que fit donc de ce jeune homme la pratique de la douce ivresse de la vie et comment se développa par le plaisir cette belle et ravissante nature ? Cet homme se baigna dans le sang de milliers de citoyens : il égorgea sa mère et brûla Rome en chantant un hymne au plaisir. Dieu tout-puissant ! pourquoi, au lieu de Sénèque ou de Burrhus, ne donnâtes-vous pas le Malheur pour instituteur à Néron !

Néron ne fit que suivre, avec l'énergie d'une grande nature et d'une puissante vitalité, le courant de l'âme humaine, quand elle s'abandonne à la recherche effrénée du plaisir. La route qui conduit du charmant à l'horrible, de l'ivresse des sens à l'ivresse du sang, est d'une pente effroyable ; et, si la plupart des voluptueux ne deviennent pas des Néron, c'est qu'ils sont moins fortement trempés ; et aussi parce qu'ils sont arrêtés par mille obstacles que franchissait aisément la toute-puissance de l'Empereur Romain. Il avait d'immenses aspirations : il était travaillé comme nous tous, mais plus que le vulgaire, de cette soif de l'infini qui est à la fois le Bien et le Mal de nos âmes. Il chercha cet infini ici-bas et dans la Chair ; et ne l'y rencontrant jamais, il fouillait toujours de plus en plus la matière pour y trouver cette volupté absolue qui le fuyait et dont il portait l'idéal dans son cœur tourmenté. Il mordait avec fureur, il mordait à s'y briser les dents à tous les fruits du jardin de la vie. Il plongeait ses lèvres ardentes, il buvait à longs traits, il inondait son âme à toutes les sources d'où jaillissait le Plaisir. Ah ! mon frère

Néron, l'Océan des voluptés d'ici-bas ne pouvait remplir ce vaste cœur dont le tonneau des Danaïdes est le symbole immortel. « Encore ! encore ! » t'écriais-tu ; et, ayant épuisé la coupe des plaisirs, tu cherchais dans celle du sang l'irritante volupté du crime et des saveurs nouvelles pour ton palais blasé ! Mais quoi ! tu t'habitues au crime, et tu sens s'éveiller en ton âme des appétits inconnus. « Encore ! encore ! » et te voilà te ruant sur le monstrueux, inventant des infamies sans nom jusqu'à toi, des abominations où tes épouvantables raffinements, mariant la cruauté à la débauche, mêlaient, dans le corps brisé de tes victimes, les convulsions de la mort aux convulsions du plaisir !

Tel est le dernier mot du culte de la volupté et de l'adoration de cette Chair dont un sensualisme douceâtre et imbécile propose avec candeur de relever les autels. Le chapitre II de la *Sagesse* a écrit l'histoire de la Volupté dans cette merveilleuse chanson qui commence par célébrer le parfum des roses et qui finit par demander le sang du juste avec une implacable férocité. Je n'ai point, Dieu merci, parcouru cette voie fatale où s'engagea le plus doux à la fois et le plus atroce des Césars ; mais j'ai interrogé avec sincérité l'âme de l'homme, et ce n'est point par mégarde que je me suis écrié : « Ô mon frère Néron ! »

XI

LE CULTE DE LA DOULEUR.

Remarquons qu'il faut opter entre l'une ou l'autre de ces deux voies, entre le Plaisir et la Douleur, sinon la Douleur recherchée, du moins la Douleur subie volontairement et acceptée. La route intermédiaire est impossible : un monstre la parcourt qui nous en chasse, l'Ennui. L'homme veut vivre et se sentir vivre. Qui fuit systématiquement la Douleur cherche donc fatalement le Plaisir ; et le plaisir abaisse, corrompt et pervertit.

Et, par contre, qui veut élever, perfectionner et sanctifier sa nature doit accepter la Douleur, s'y résigner et même s'en réjouir, en savourant, à travers son amertume, ce que ce remède a de bienfaisant ; il doit dédaigner le plaisir, y goûter tout au plus en passant comme à ces liqueurs dangereuses dont on recommande de se défier et qu'il ne faut prendre que rarement et par faibles doses sous peine de maladie ou d'ivresse.

Tel est le programme imposé à l'universalité des Chrétiens. Mais les caractères vigoureusement trempés et les cœurs animés d'une foi ardente vont au delà de ces prescriptions, dans lesquelles l'Église n'a fait que formuler dogmatiquement les lois reconnues par le sens commun.

Que, sur ce dernier mot, la philosophie sensualiste ne se hâte pas de triompher et de conclure que ceux dont je vais parler sont en dehors du sens commun. Il y a deux choses dans le sens commun, ce qui est sensé et ce qui est commun ; un élément absolu dans lequel ou hors duquel on se trouve, et un qualificatif de quantité qui peut varier en bas ou en haut, en plus ou en moins. De là, quatre façons d'être parmi les êtres intelligents : les gens vulgaires ont le sens commun, les hommes de génie et les Saints sont au-dessus, les imbéciles sont au-dessous : le matérialiste est à côté.

Les hommes d'une nature à la fois courageuse et puissante (quelle que soit d'ailleurs leur foi religieuse) ne se contentent donc point de prendre leur parti de la Douleur et de s'y résigner au besoin. Sans la rechercher positivement, ils se plaisent à s'y exposer et ne sont heureux qu'au milieu des agitations du danger. La conscience universelle les acclame grands ; et, en effet, quel que soit l'emploi, bon ou mauvais, qu'il leur plaît de faire des puissances qu'ils portent en eux, leur personnalité est grande. Aussi, malgré les poltronnes théories de la philosophie que je combats, malgré ses terreurs et ses cris effarés en face de la souffrance, malgré les anathèmes, l'Humanité ne cessera d'admirer le mâle courage de ceux qui n'ont point peur en face du danger et de la douleur. Elle les aimera ou les maudira ; mais elle les saluera toujours du nom de

Héros, et la bravoure ne cessera jamais d'être à ses yeux la plus virile des vertus humaines.

D'autres hommes, parfois aussi grands par la nature, toujours plus grands par la grâce, et tout imprégnés de Christianisme, vont jusqu'à renoncer, d'une façon plus absolue que le vulgaire des fidèles, aux jouissances de la vie ; et ils poussent l'héroïsme jusqu'à rechercher la Douleur et à surélever la loi de l'Esprit sur les ruines sanglantes de la loi de la Chair. De là les triples vœux, de là ces austérités des cloîtres dont s'effraient tant de bons sensualistes, de là, comme conséquence, ce qu'ils appellent « ces ravissements de l'Esprit » et dont ils s'épouvantent, je ne sais trop pourquoi.

Qu'est-ce donc qui pousse dans cette voie étroite et dure ces ascètes, ces religieux, ces martyrs volontaires, ces héros d'exception, portés cependant comme nous tous, et plus encore peut-être, à la concupiscence de la Chair, à la concupiscence des yeux et à l'orgueil de la vie ? Quels puissants motifs les déterminent ? quel poids décisif fait pencher d'un côté si contraire à leurs tendances naturelles toutes les énergies de leur volonté ? C'est que, sentant eux-mêmes la guerre irréconciliable que se font, en se disputant le Pouvoir, les deux côtés de la nature humaine, ils savent que le gouvernement appartient à l'Esprit sur la Chair ; et que, par suite de l'insubordination constante de cette dernière, ce gouvernement doit être énergique comme dans tous les pays portés aux révolutions ; c'est qu'ils savent que la Douleur est une juste expiation de leurs fautes passées et un remède à leurs misères présentes ; c'est qu'ils savent enfin, comme nous le disions nous-même, que, pour ramener à sa direction normale la nature humaine courbée d'une façon désordonnée vers l'idolâtrie de la Chair, il la faut pencher violemment en sens inverse, c'est-à-dire vers le culte de la Douleur. Tels sont les motifs qui décident leur raison. Ils éprouvent aussi cet indomptable besoin de Vivre, de se sentir Vivre, de constater la Vie dont nous avons parlé ; et, ne voulant pas de cette émotion du Plaisir qui abaisse et qui corrompt, ils recherchent celle de la Douleur qui purifie et qui élève. Travaillés par cette bouillonnante ardeur d'être émus, ils courent à la souffrance, comme un matérialiste ennuyé se rue vers les abjections du plaisir.

Ne l'avons-nous point vu ? il faut que la sève de la Vie se dépense dans l'un ou l'autre de ces deux courants : les Saints fuyant ce que le monde cherche, c'est-à-dire le Plaisir, sont amenés par le cours logique des choses à chercher ce que le monde fuit, c'est-à-dire la Douleur. S'étant fermé volontairement la première et la plus battue de ces deux voies, ils sont emportés forcément vers la seconde par toutes les puissances de leur vie sensitive. L'instinct de la Vie, comprimé dans un sens et réagissant violemment dans l'autre, pousse l'homme dans ce sentier pénible de la souffrance où déjà le conduisait sa raison. La Vie et l'Esprit étant ainsi d'accord ou plutôt accordés, il ne manque plus que le concours de l'Ame pour que les trois facultés qui constituent l'homme et que nous avons nommées la Vie, l'Esprit et l'Ame, se réunissent dans une impulsion unique pour diriger le chrétien parfait, le Saint dans la voie de la Douleur. Or c'est précisément par un élan venu de l'Ame qu'il s'y trouve entraîné d'une façon vraiment irrésistible.

XII

L'AMOUR. — DIGRESSION SUR LA CHEVALERIE.

De même que nous éprouvons à un éminent degré le besoin d'être émus ou de nous sentir vivre en nous-mêmes ; de même nous ressentons avec une non moins grande puissance celui d'aimer ou d'être aimés ou de nous sentir vivre en autrui. De là, le sentiment le plus universel qui se puisse rencontrer après le premier : l'Amour.

Or, comme il est deux façons d'éprouver et de vouloir l'émotion, il est aussi deux façons d'aimer et de manifester son amour.

Il y a un amour qui ne cherche que le plaisir et qui prétend se prouver par les caresses. Il se baigne dans les voluptés et croit donner pour marque de sa puissance et de sa vitalité l'énergie avec laquelle il s'y plonge, soit qu'il s'abîme dans les abjections de la matière, soit qu'il se complaise dans les brûlantes paroles de ce platonisme qui, pour être dégagé du corps, n'en est pas moins profondément sensuel et qu'on pourrait définir : un libertinage quintessencié, une débauche d'ordre intellectuel. J'ai toujours, pour ma part, trouvé quelque parenté entre les théories que l'on prête à Platon et l'hôtel de Rambouillet. « Coquines ! » dit Gorgibus à ses filles, dans les *Précieuses ridicules*. L'amour dont nous parlons est un livre brutal que les platoniques s'efforcent de rendre spirituel : ils y réussissent parfois dans la préface et jamais dans la conclusion. O Platon ! s'écriait Byron, tu n'es qu'un entremetteur ! Je suis de l'avis de Byron et de Gorgibus. Préface, livre, conclusion et table des matières, c'est toujours la volupté de la Chair.

Cet amour en quête du Plaisir est misérable : il est corrupteur, il est éphémère et tend à la mort comme les voluptés qu'il recherche. Il est la forme ardente d'un sentiment froid, je veux dire l'expression passionnée de l'égoïsme. Que l'Homme se trompe lui-même alors par les mots qu'il prononce, mots étranges et tout pleins d'un charme magique ; qu'il se berce d'illusions à la douce, à l'irrésistible musique des mystérieuses causeries et des doux entretiens ; qu'il croie que son cœur est embrasé tandis que sa chair seulement est émue, cela est fréquent : mais, au fond, cet homme n'aime que lui. Il est passionné non pour telle ou telle individualité, mais pour le plaisir ; et ce qu'il prend pour un attachement personnel d'âme à âme, n'est en réalité qu'un attrait plus ou moins vif pour un instrument de jouissance. Ah ! qu'ils disent bien, sans s'en douter : « l'Objet aimé ! » Ce n'est qu'un Objet. — L'amour vrai se donne et s'absorbe en autrui ; celui-ci tend au contraire à absorber autrui et à en faire un moyen de plaisir. Ce sentiment n'est pas l'Amour, c'est l'appétit.

Le véritable Amour, l'Amour vraiment digne de ce nom, procède tout autrement. Absorbé dans une tendresse infinie pour l'être aimé, que son langage est différent de celui que parle la Chair ! « — Je vous aime, s'écrie-t-il, non pour moi, mais pour vous. Non ! ma félicité n'est point dans les plaisirs que vous pourriez me donner, elle est dans le sentiment même que j'éprouve, dans la joie de vous connaître et de porter votre joug. Mon amour se nourrit de lui-même comme un être immortel. Écartez même, écartez loin de moi ces jouissances et ces caresses que d'autres recherchent : c'est l'égoïsme ; et je m'oublie moi-même pour n'aimer que vous, pour m'absorber en vous, car vous êtes ma vie : « Non, ce n'est plus moi qui vis, c'est vous-même qui vivez en moi, » et je n'ai qu'un désir, c'est de vous manifester que l'amour que j'ai pour vous a vaincu celui que la nature m'a donné pour moi-même. Imposez-moi donc des tâches difficiles, des œuvres extraordinaires, des obstacles à terrasser, des dangers à courir, des souffrances à endurer, mon sang à répandre, ma vie même, ma vie surtout à sacrifier.....

« — Mais c'est la Douleur que vous demandez !

« — Non ! non ! ce sont les délices ! l'Amour qui embrase mon âme, transforme pour moi l'essence des choses. Si votre pensée est au fond de la souffrance, la souffrance devient par cela seul la plus enivrante de toutes les félicités. Ma liberté, c'est de vous obéir ; ma richesse, c'est d'être pauvre en votre nom et de ne posséder au monde que le trésor que j'ai au fond du cœur ; ma joie, c'est de renoncer pour vous à tous les plaisirs de la vie. « Mon amour est comme la mort : » il tue des sentiments finis pour les ressusciter infinis. Souffrir pour vous, c'est jouir ; mourir pour vous, c'est vivre : je veux souffrir, je veux mourir ! *aut pati, aut mori*, disait sainte Thérèse à son divin Amant. »

Voilà le langage de l'amour véritable, le cri de la passion profonde. L'amour qui ne cherche que le plaisir est un faux et lâche amour qui n'a point de racines dans le cœur ; l'amour vrai ne peut se manifester que par le sacrifice. Souffrir pour l'être aimé a toujours été le rêve de quiconque a aimé de toute son âme. C'est ainsi que les Saints ont aimé Dieu.

C'est cet amour qui, même égaré dans la contemplation d'une créature humaine, élève l'âme et fait entreprendre de grandes choses. C'est lui qui fut, avec le sentiment de l'honneur, le principe et la vie de cette magnifique Chevalerie du moyen âge, dont peuvent rire quelques philosophes peu portés à l'idéal, mais qui n'en répond pas moins aux plus nobles, aux plus généreuses, aux plus impérissables tendances du cœur de l'homme.

Le monde a perdu sa Chevalerie, le catholicisme a gardé la sienne. Ils ne sont plus ces guerriers superbes qui parcouraient la terre, qui prenaient des villes, qui allaient redressant les torts et protégeant les opprimés ; qui partaient pour conquérir des terres lointaines, qui accomplissaient de gigantesques exploits et qui mouraient en portant, à leur bras, les couleurs, et, dans leur cœur, le souvenir de leur Dame. Ils ne sont plus ces héros de l'idéal ! héros naïfs qui faisaient ces merveilles pour un regard de la bien-aimée ; héros sublimes et purs, qui n'aspiraient qu'à la faveur de lui baiser la main au retour, et d'emporter sur leur poitrine, comme un talisman au milieu des dangers, son gant brodé et parfumé ou une fleur tombée de cette main si puissante et si frêle. Ils ne sont plus ces chevaliers d'autrefois ! Un Espagnol, qui méritait d'être Parisien, célébra leur chute par un éclat de rire immortel et tailla, dans ce marbre de Carrare de la Chevalerie, cette caricature de don Quichotte dont le burlesque n'a pu cacher tout à fait la primitive grandeur. Où sont, hélas ! les Roland, les Amaury et les Lancelot ? Dis-moi, Villon, où sont donc les neiges d'antan ?

XIII

LA CHEVALERIE ÉTERNELLE. — LA THÉORIE DE LA MODÉRATION.

La Chevalerie a disparu comme forme sociale, comme institution ; quoique pourtant elle existe encore dans le secret de quelques âmes isolées, car elle est éternelle comme le cœur humain.

Le catholicisme seul a conservé la forme en même temps que le fond de ce puissant, de ce noble, de ce merveilleux sentiment. Il y a encore des chrétiens épris pour le Seigneur de cet amour véritable que nous avons décrit et qui absorbe, en les embrassant, toutes les facultés et toutes les énergies de la Vie. Il y a des cœurs amoureux de Dieu et qui, osons dire le mot, se plaisent à faire des folies pour lui, la folie de la Croix ; oui, il y a des amoureux fous de la Divinité. Elle n'est point morte comme celle du Monde, la Chevalerie du Dieu des Chrétiens ! L'Eglise en a fait une impérissable institution dans ces Ordres Religieux qui traversent les révolutions et les siècles, et qui ne semblent disparaître un instant sous les coups de l'adversité que pour renaître ensuite de leurs cendres, fortifiés par la lutte et purifiés par le malheur. Au fond des monastères, dans l'ombre silencieuse des cloîtres, derrière les murs des congrégations Catholiques subsiste toujours et se trouve encore aujourd'hui la Chevalerie éternelle. C'est là que vivent des âmes « dont le monde n'est point digne » et qui prient pour le monde. Là sont des hommes embrasés pour Dieu d'un amour qui semble aller jusqu'au délire et qui va souvent jusqu'aux larmes ; là se rencontrent les héros de l'idéal chrétien. Epris jusqu'à la folie, de l'Etre adoré, ils arborent fièrement ses couleurs ; ils renoncent à tout pour le suivre, à la richesse et au plaisir ; ils abîment leur volonté dans l'obéissance à ses désirs et dans l'imitation de sa vie, (car l'amour tend toujours à nous rendre semblables à celui que nous aimons) ; ils se mettent pieds nus pour marcher sur ses pas ; ils cherchent la Souffrance afin de lui prouver que, subie pour l'amour de lui, elle leur est douce et devient une volupté. Ils se livrent, en un mot, à toutes les folies de la passion, folies dont nous avons montré plus haut la haute raison, folies que le monde pardonne quand elles sont faites pour lui. Sachant que des penchants vicieux les séparent encore du Dieu bien-aimé, non seulement ils y résistent, mais ils éprouvent à les renverser la joie des braves au sein des combats ; ils veulent être blessés en ces glorieuses batailles, ils jeûnent, ils macèrent leur corps par les cilices, les chaînes de fer, les disciplines, le rude travail des mains, et, au milieu de ces douleurs, ces hommes sont heureux. Le rayonnement d'un monde intérieur illumine leurs traits et l'amour qui les transporte les transfigure : leur âme est dans le Ciel et il semble que, de là, elle jette sur leur visage je ne sais quel reflet du séjour des élus.

Ce n'est point un roman que j'écris, et je les connais, ces Religieux austères et doux. J'ai souvent reçu l'hospitalité dans leur solitude profonde, et je me plais à m'y retirer parfois, loin du tumulte de la grande cité. Je fais peu de voyages sans me détourner de ma route tantôt pour aller frapper à la porte d'un monastère, chez les Trappistes ou chez les Dominicains, tantôt pour passer quelques jours dans la maison de Saint Benoît ou chez les fils spirituels de Sainte Thérèse. J'en crois l'aspect de ces visages : là, seulement, j'ai rencontré des hommes qui sont à la fois vraiment grands, vraiment purs et vraiment heureux ; et j'ai même remarqué que cette grandeur, cette pureté et ce bonheur, si visibles sur ces traits transfigurés, étaient proportionnels à l'austérité de la Règle dans ces divers ordres religieux. « Quittez tout et vous trouverez tout, » dit l'*Imitation*.

Qu'elles peignent bien la vie intime de cette Chevalerie chrétienne, ces paroles d'un célèbre orateur chrétien, rappelant l'histoire des Anachorètes, des Pénitents et des Religieux : « On eût dit que le plaisir et
« la souffrance avaient soudainement perdu, l'un, ses
« charmes, l'autre ses horreurs ; que le plaisir était
« devenu la souffrance, et que la souffrance était deve-

« nue le plaisir. Du moins est-il certain qu'ils avaient
« changé de place dans l'estime et l'amour de cette
« Humanité nouvelle. Et cette ambition de la flagella-
« tion, et cette passion du crucifiement, ce n'était pas
« un rêve de philosophie stoïque, c'était un élan d'ado-
« ration. Ce n'était pas un orgueil hypocrite disant à
« la douleur : « Tu n'es rien, je te méprise parce que
« tu n'atteins qu'une Chair que je dédaigne. » C'était
« un amour naïf qui disait à la souffrance : « Je t'aime,
« parce que tu me représentes Jésus-Christ que
« j'adore (1). »

Parfois, ces héros épris de Dieu sortent de leur solitude et les voilà parcourant le monde, semblables aux chevaliers des temps disparus, et célébrant, avec une entraînante éloquence, la grandeur et la beauté de l'idéal qu'ils ont dans le cœur. Comme les Apôtres, comme François-Xavier, ils traversent les mers pour aller conquérir des terres nouvelles au divin fiancé de leurs âmes, et planter sur des bords inconnus le signe de sa puissance ; ils versent leur sang avec délices pour son renom, sa louange et sa gloire, et ils expirent joyeux au milieu des tourments, en murmurant son nom adoré et en couvrant son image de baisers brûlants. Restent-ils au milieu du monde, le monde les admire, non sans quelque stupeur, dans l'accomplissement de leurs étranges et touchantes folies. Jusqu'où ne les transporte pas l'amour mystérieux qui brûle leurs âmes ? Ils se font les compagnons et les amis des hommes les plus dégradés et les plus criminels, les considérant comme autant d'âmes à guérir, comme autant de royaumes qu'ils veulent gagner à leur bien-aimé. Dans les pauvres, dans les malheureux, dans les souffrants, ils voient les images vivantes de celui qui a dit : « Ce que vous ferez au plus petit d'entre ceux-ci, c'est à moi-même que vous le ferez. » Que dis-je ? dans ce misérable couvert de haillons, dans ce malade dévoré d'ulcères, dans tous les affligés d'ici-bas, fussent-ils méchants et rongés de vices, ils voient la Divinité même qu'ils adorent et qu'ils cherchent partout. Ils se font les amis du pauvre Lazare, sachant qu'il sera

(1) R. P. Félix : *Conférences de Notre-Dame de Paris*.

Prince dans ce royaume éternel où se trouve déjà le patriarche Abraham ; ils arrosent de leurs larmes et baisent pieusement les mains sacrées des indigents et des malheureux ; ils vont, comme sainte Élisabeth de Hongrie, jusqu'à porter leurs lèvres amoureuses sur les plaies, saintes pour eux, des plus horribles lépreux ; courtisans sublimes des souverainetés à venir, adulateurs assidus de ceux qui seront Rois au-delà de la tombe, dédaigneux et superbes devant tout ce qui passe, devant tout ce qui n'est pas celui qu'ils adorent. Ah ! vraiment, c'est bien là la chevalerie véritable et chrétienne qui redresse les torts et protège les faibles ! Qui ne reconnaîtrait à ses œuvres surhumaines et célestes la grande Chevalerie des Amants de Dieu ?

J'ai, dans mon livre de messe, une petite image que m'a laissée en souvenir le R. P. dom Gabriel, abbé de la Trappe d'Aiguebelle. C'est un portrait de saint Bernard, au bas duquel je trouve ces ravissantes paroles qu'il disait en parlant de lui-même et que je me plais souvent à relire : « Je l'avouerai à la gloire de Dieu que
« je sers ; je suis né avec une santé très faible ; je suis
« chargé d'une règle très austère ; je suis accablé d'af-
« faires et assailli de toutes parts par les clameurs
« élevées contre moi. Cependant, je ne sens point le poids
« du jour et de la chaleur ; je ne trouve que de la dou-
« ceur dans le joug que m'impose le Père de famille ; je
trouve mon fardeau léger, il me semble qu'il n'y a
« pas une heure que j'en suis chargé : l'amour, qui lui
« a ôté son poids, en a abrégé le temps. »

Tel est l'Amour et quiconque a aimé avec quelque puissance, même ici-bas, devinera ce que c'est que cette passion divine et comprendra les sublimes folies de ces amoureux sacrés qu'on appelle des Saints.

Qu'on prêche tant qu'on voudra la modération, le juste milieu, le sage tempérament, comme le font les flasques philosophies de notre temps, la sainteté consistera toujours à être immodéré dans le bien et à aimer Dieu sans mesure. Saint Vincent de Paul eût pu se marier et être notaire : il fut immodéré, et c'est pour cela qu'il fut saint Vincent de Paul. Tout en gardant pour Dieu un amour sagement tempéré, François-Xavier aurait pu traverser les mers dans le but d'enrichir sa famille par un honnête négoce à la façon des économistes d'aujourd'hui : il aima Dieu à la folie (*stultitia crucis*) et c'est ainsi qu'il devint saint François-Xavier. C'est l'histoire de tous les saints. Laissons les lâches dans leur philosophie de tolérance : elle a peut-être du bon pour certaines âmes et j'ai prétendu, non la supprimer, mais la mettre à son rang véritable qui est le dernier.

Oui certes, il est loisible à chacun de se contenter du légitime et de se tenir en dehors de l'existence exceptionnelle des Saints ; mais il ne faut point oublier que, dans cette échelle du Bien, le Légitime c'est le plus bas degré qui touche au mal, et la Sainteté le plus haut échelon qui touche à Dieu. Au-dessous du Légitime on est dans le mal ; au-dessous de la Sainteté, on est encore dans le Bien. L'un est le point de départ de notre nature infirme et encore chancelante ; l'autre est le point d'arrivée de notre âme idéalisée ; c'est le but suprême auquel il faut tendre et que doivent se proposer tous les efforts.

La modération est permise, eu égard à notre faiblesse ; mais, loin d'être commandée, elle est presque menacée sous le nom de tiédeur et sous l'image de cette eau qui n'est ni chaude, ni froide, et que le Sauveur vomira de sa bouche. C'est l'excès même qui est conseillé, ou plutôt la Sagesse incréée déclare elle-même qu'il ne peut y avoir d'excès en cela : « Aimez Dieu de « *tout* votre cœur, de *tout* votre esprit et de *toute* votre « âme. »

« L'Amour, dit l'auteur de l'*Imitation*, ne connaît « point de bornes ; mais son ardeur l'emporte au-delà « de toutes les bornes. L'amour ne trouve rien de « pesant ; il compte les travaux pour rien ; il entreprend « plus qu'il ne peut ; il ne s'excuse jamais sur l'impos- « sibilité parce qu'il se croit tout possible et tout permis. « Ainsi, l'amour est capable de tout ; il exécute pleine- « ment et effectue bien des choses, tandis que celui qui « n'aime pas perd courage et se laisse abattre. L'amour « veille toujours et ne s'endort pas, même dans le som- « meil. Il se fatigue, mais ne se lasse point. Il connaît « la défiance de soi-même, mais il ignore le trouble ;

« comme une vive flamme, comme un ardent flambeau,
« il s'élève brusquement et traverse tout avec une im-
« passible tranquillité. Celui qui aime entend le langage
« de l'amour. L'ardente tendresse de l'âme est comme
« un grand cri qui monte vers Dieu et retentit jusqu'à
« son oreille : « Mon Dieu, mon Amour, vous êtes tout
« à moi et je suis tout à vous. Dilatez dans l'amour tout
« mon être afin que j'apprenne à goûter au fond de mon
« cœur combien il est doux d'aimer, et de se fondre et
« de nager dans l'amour. Que, par une ferveur excessi-
« ve, et par un ineffable ravissement, l'amour m'em-
« porte au-dessus de moi-même : que je chante le can-
« tique d'amour ! Que je te suive, ô mon bien-aimé,
« jusque dans les hauteurs où tu résides : que mon âme,
« toute tressaillante d'amour, t'adore et te loue jusqu'à
« en défaillir! Bien plus, que je n'aime qu'à cause de toi,
« et moi-même, et tous ceux qui t'aiment véritable-
« ment, comme le veut cette loi d'amour qui resplendit
« en toi !

« Dès qu'il se recherche lui-même l'homme cesse
« d'aimer. La Douleur est la vie d'amour. Qui n'est pas
« prêt à tout souffrir et à n'agir constamment que par
« la volonté du bien-aimé n'est pas digne du nom
« d'amant. Il faut que l'amant embrasse avec ardeur, à
« cause du bien-aimé, les choses dures et amères ; et
« que nul obstacle et nul accident ne le puisse faire
« fléchir. »

Ainsi ont parlé de tout temps, au grand scandale
des âmes lâches et pusillanimes, les Amoureux, les
Chevaliers et les Saints. Que le monde aux instincts
vulgaires les traite d'insensés, d'immodérés, d'exces-
sifs, ils n'en sont pas moins l'élite et la gloire de la race
d'Adam : le Monde lui-même ne les blâme que par le
cerveau, car, par le cœur, il ne se peut empêcher de les
admirer et souvent même de les envier.

Les Ordres religieux, les ascètes, les Martyrs de tous
les jours, les Flagellés et les crucifiés de la Chair par
l'Esprit, sont la fleur même de cette élite : et ils forment
la synthèse de cette triple grandeur par la constitution
de ce que nous avons appelé la Sainte Chevalerie des
Amants de Dieu.

XIV

RÉSUMÉ DE LA THÈSE. — PHILOSOPHIE DE L'ÉTAT MONASTIQUE.

Ces hommes presque Divins sont l'exception : ils sont l'avant-garde qui donne du courage aux autres, ils sont les généraux et les héros de cette grande armée de l'Humanité dont les bons Chrétiens sont les soldats, dont le vulgaire forme les traînards, dont les pécheurs sont les blessés, dont les ignorants sont les conscrits ou les malades, qui a les méchants pour ennemis et les pseudo-philosophes pour déserteurs.

Chez eux l'Esprit gouverne les sens : parce que, l'antagonisme étant posé depuis la chute entre les deux côtés de notre nature et une Autorité étant indispensable, ils reconnaissent qu'elle appartient de droit à l'Esprit clairvoyant sur la Chair aveugle, à l'Intelligence sur l'Animal.

Ils sont religieux : parce que, devant les défaillances de leur Esprit, ils sentent l'obligation de recourir à l'Esprit de Dieu qui est seul infaillible et qui rend sainte, en la dirigeant, cette autorité de l'Esprit que la Force des choses rend nécessaire ;

Ils souffrent : parce qu'il faut gouverner avec un sceptre de fer le peuple, toujours conspirateur, des passions humaines ; parce qu'un bon roi doit comprimer par la terreur les sujets révoltés qui refusent de se laisser conduire par la raison ; parce qu'ici-bas, dans la constitution de l'Homme comme dans celle de la Société, la condition d'être d'un Code Civil est l'existence d'un Code Pénal ;

Ils souffrent : parce que la Douleur est l'expiation des fautes commises ; parce que la Peine est nécessaire ; parce qu'il faut rentrer dans l'Ordre par la porte de la Douleur, quand on est sorti par celle du Plaisir ; parce que tout homme, qui est descendu d'un lieu à un autre par la douceur d'une pente rapide, doit la remonter péniblement pour retourner à son point de départ ;

Ils souffrent : parce que, pour atteindre la direction

normale de la vie, il faut pencher violemment vers la Douleur la nature humaine anormalement courbée vers le Plaisir ; parce qu'il faut un effort constant pour contre-balancer l'attraction constante qui attire la Matière vers la Matière et le cœur de l'homme vers le Mal ;

Ils souffrent : parce que, poussés par l'impétueux besoin de vivre qui bouillonne en leurs âmes, ils se plaisent à fuir la lâche et corruptrice émotion du Plaisir, pour rechercher bravement celle de la Douleur qui sanctifie ;

Ils souffrent : parce qu'ils se disent que l'Humanité est solidaire et que, pour contre-balancer la surabondance des crimes du Monde qui irrite la colère de Dieu, il faut une surabondance de pénitences et de mérites qui apaise sa justice et attire sa miséricorde ;

Ils souffrent : parce qu'ils croient, parce qu'ils savent que chaque douleur nouvelle est un pas de plus qui les rapproche du Ciel ;

Ils souffrent : parce qu'ils espèrent ; parce qu'ils comptent jouir du Paradis des élus, et y retrouver au centuple toutes les joies de la Vie, toutes les satisfactions de l'Esprit, toutes les tendresses de l'âme sacrifiées ici-bas ;

Ils souffrent : parce qu'ils aiment ; parce qu'ils ont soif de manifester leur amour par le sacrifice, par les obstacles vaincus, par le sang versé, par les monstres domptés, c'est-à-dire par les passions soumises ; soumises et quittant la route du Mal pour s'élancer de toutes leurs forces dans celle du Bien ;

Ils souffrent enfin, parce qu'ils adorent ; parce qu'ils veulent se rendre semblables au divin Crucifié et le suivre à la mort pour ressusciter avec lui dans la gloire.

Ils souffrent, mais ils sont heureux ces héros amoureux, chevaleresques et sacrés. Il est suave sous son écorce amère le fruit qu'ils ont cueilli sur l'arbre de la Douleur. Ils sont heureux parce qu'ils croient ; ils sont heureux parce qu'ils espèrent ; ils sont heureux parce qu'ils aiment. Ils voient le Ciel au bout du sentier pénible ; ils se disent qu'il est d'or le poids qu'ils soulèvent ; ils trouvent l'espérance au fond du calice amer. Ils sont certains que chaque peine qui leur arrive est un échelon gravi, qui élève d'un degré la place qu'ils doivent occuper dans le Ciel. Ils songent surtout que le bien-aimé les contemple, qu'il est aussi le bien-aimant et qu'il leur réserve toutes les tendresses de son cœur et toutes les délices d'un amour partagé.

Qu'on les frappe, qu'on les insulte, qu'on les tyrannise, on augmente la joie de leur âme. On croit leur jeter des pierres : ce sont des diamants qu'ils reçoivent et mettent en réserve pour leur palais futur.

Impavidum ferient ruinœ, dirons-nous de ces esprits généreux ; et, en effet, aucun malheur n'est assez haut pour les atteindre et ils sont impassibles dans leur félicité. Que peuvent-ils redouter de ce que craignent les hommes ? La perte des biens de ce monde ? mais la pauvreté leur est chère et ils en ont fait vœu : elle est pour eux cette perle cachée, préférable à tous les trésors. La maladie ? mais la souffrance est leur joie. L'humiliation ? mais ils savent que plus ils seront humiliés plus ils seront élevés. Les persécutions ? mais ils les reçoivent en chantant ces paroles de leur Maître : « Vous serez heureux quand les hommes vous persécuteront à cause de moi ; réjouissez-vous alors, car une grande récompense vous est préparée. » Le martyre ? mais c'est la plus belle couronne qu'on leur puisse offrir. La mort ? mais c'est le portique par lequel ces Souverains, ces Rois, ces Empereurs, ces Dieux entrent dans le Palais éternel de leur Puissance et de leur Gloire.

« Cherchez le Royaume de Dieu et sa justice : et le reste vous sera donné par surcroît », dit Notre-Seigneur à ses disciples en leur parlant de cette fleur champêtre qui était plus magnifiquement vêtue que le Roi d'Israël. Ainsi ont fait ces Religieux *fanatiques* et la parole de Dieu s'est vérifiée en eux. Salomon, dans toute sa gloire, eut-il autant de voluptés que ces souffrants et ces chastes, autant de trésors que ces pauvres ; et son royaume n'était-il pas étroit à côté de l'Empire sans limite où règnent ces humbles ? Ils ont cherché courageusement le Bien dans la Croix et dans la Douleur : Dieu leur a répondu en changeant cette Croix en sceptre et cette douleur en félicité.

Pour obéir au Seigneur qu'il aime par-dessus toutes

choses, Abraham, le cœur saignant et les yeux pleins de larmes, lève son glaive et va immoler son fils Isaac. Un ange lui arrête le bras ; et Dieu récompensant cette foi que rien n'ébranle, cette espérance que rien ne trouble et cet amour que rien n'effraie, comble le patriarche de prospérités inouïes. Le Seigneur est toujours le Dieu d'Abraham et d'Isaac.

« — Je suis venu à la Trappe pour faire pénitence, me disait un Religieux, et Dieu m'accable de félicités : tellement que, parfois, mon cœur étant oppressé par tant de bonheur, je ne puis retenir mes cris et mes larmes : « Assez, Seigneur ! c'est trop ! c'est trop ! » Je croyais entrer dans le Purgatoire et j'ai trouvé la Terre promise..... »

Tel est ce culte de la Douleur si profondément en rapport avec la nature humaine. Telle est la philosophie de ces austérités dont s'effraie tant le sybaritisme contemporain et que trouvent si aisées de faibles femmes ou de pauvres Religieux ; tous ceux qui, en les essayant, en ont goûté la douceur secrète. Les Doctrines que je combats les déclarent au-dessus des forces de l'Homme, et je songe avec tristesse à ces paroles de l'Ecriture : « S'ils eussent marché dans les voies de la justice, ils les eussent trouvées faciles. » La vérité n'a point d'âge et elle est aujourd'hui ce qu'elle était au temps du roi Salomon.

Oui, certes, « les voies du Seigneur sont rudes, » comme dit David quelque part, et cependant « les commandements du Très-Haut ne sont point pesants, » suivant un autre texte des saintes Lettres. Tous ces oracles sont vrais, et saint Augustin les explique : « Les voies du Seigneur sont rudes pour la crainte et elles sont douces pour l'amour. » Or, ce qu'on commence avec crainte on le termine avec amour. *Initium sapientiæ timor Domini.* La Religion paraît quelquefois terrible vue du dehors : il faut y entrer, il faut y vivre, il la faut pratiquer pour connaître son charme profond et sa suavité que rien n'égale.

Devant cette thèse, tout imparfaitement traitée qu'elle puisse être, que deviennent les théories de ces philosophes sans philosophie qui ont été le prétexte de cette étude et qui se sont tellement préoccupés de la prétendue constitution de l'Humanité qu'ils ont oublié la vraie nature de l'Homme ? Il eût été aisé de briser un à un tous les frêles arguments de leur défunte doctrine et de retrouver dans la poche de la génération qui s'en va ce sifflet vigoureux qui fit jadis si brusquement baisser la toile aux acteurs de la comédie saint-simonienne. Mais vraiment en valait-il la peine, et qui donc, excepté l'éditeur Capelle, mélancolique et rêveur devant son fonds de librairie, qui donc aujourd'hui songe encore à la religion dont le Père Enfantin fut jadis le grand-prêtre ? Qu'importait donc la faiblesse de la thèse adverse ? J'ai mieux aimé montrer la force de la nôtre et faire comprendre, sur le point qu'il attaque, la haute raison de la pensée et de la pratique Catholiques. La meilleure et la plus profitable réfutation de l'Erreur est l'exposition de la Vérité. C'est la méthode de l'Eglise en face des hérétiques ; je l'ai suivie : et je ne me suis occupé des idées personnelles de ces gens-là qu'en passant, alors que, par hasard, elles gênaient mon chemin, ou que je me sentais le besoin de réjouir le lecteur.

Dois-je cependant terminer ici cette étude ? Dois-je me contenter d'avoir examiné avec une juste sévérité, et ce principe de l'Egalité de l'Esprit et de la Chair, et cette philosophie du Plaisir, et cette lâche crainte de la Douleur, et cette ignorance profonde de la nature humaine qui forment la base fondamentale des doctrines sensualistes ? Faut-il laisser dédaigneusement sans réponse quelques autres arguties délayées dans les écrits de la secte ? J'en serais fort tenté : mais il n'est pas de fausses raisons et de niaiseries, si absurdes qu'elles soient, qui ne trouvent des esprits disposés à les accueillir lorsqu'elles sont d'accord avec les révoltes des sens. Dans le pays de l'âme, comme dans beaucoup d'autres, les journaux de l'opposition ont toujours des lecteurs ; et les bas-fonds du cœur humain cachent un parti toujours hostile à l'autorité, malsain et plein de colères, prêt à s'abonner à toute doctrine sans bon sens, pourvu qu'elle soit sans morale. Tel écrivain est faible, mais l'erreur est forte et les plus pauvres orateurs ont du succès quand ils flattent les passions de leur auditoire.

Le sophisme n'a qu'une puissance extrinsèque, mais cette puissance est énorme, et ne lui opposer que le silence du mépris serait un dangereux moyen.

Après avoir exposé à ces philosophes du sensualisme la Vérité qui est en nous et montré combien croule aisément la base de leur système, je vais leur faire voir les erreurs de détail qui sont encore dans leur thèse, en réfutant les trois ou quatre objections qui sont restées en dehors de mon examen. Ce sera la fin de ce travail.

TROISIÈME PARTIE

XV

OBJECTIONS DE LA DOCTRINE MATÉRIALISTE.
L'EXEMPLE DE JÉSUS-CHRIST.

Ces philosophes se prétendent les continuateurs et les véritables interprètes de Jésus-Christ. Leur orthodoxie bien connue s'alarme de la doctrine de ces catholiques qui défendent la grande thèse de la Douleur.

Fut-il jamais, de l'aveu même de ces libres penseurs, un esprit, une âme, une vie d'un caractère plus divin que la vie, l'âme et l'esprit du Christ? — Et, en même temps, fut-il jamais une Chair plus meurtrie, plus déchirée, plus souffrante que celle du Seigneur Jésus?

Où trouver en cela la moindre ressemblance avec ces pontifes et ces hiérophantes du plaisir, avec ces révélateurs immoraux et risibles qui, en fait de sacrifice, n'ont jamais su sans doute que sacrifier aux grâces, comme on disait au siècle dernier?

Jésus-Christ a inauguré dans le monde le culte de la Douleur. Il a aimé les hommes; et, justifiant pleinement cette théorie de l'Amour que nous exposions tout à l'heure, il a voulu non seulement les accabler des bienfaits de sa puissance, mais encore se donner lui-même tout entier dans un mystérieux et ineffable sacrement, souffrir et mourir pour eux, affrontant, pour les sauver, jusqu'à l'ignominie de la Croix, et buvant, jusqu'à la lie, le plus amer de tous les Calices.

Là-dessus, le philosophe saint-simonien combattant le culte de la Douleur et les austérités des grands Chrétiens, vient prétendre que Jésus-Christ ne s'est point flagellé et crucifié lui-même. Raison naïve quand elle s'applique au fils de Dieu. Puisque, je ne sais trop pourquoi, il affecte au moins par hypothèse de croire à la Divinité du Verbe fait Chair, ne sait-il pas que l'oblation de Celui dont Isaac était la figure fut toute volontaire ? Ne sait-il pas que le Fils du Très-Haut, dans les secrets desseins de sa sagesse profonde, a couru de toute éternité au-devant du sacrifice qui s'accomplit au Calvaire, il y a plus de dix-huit siècles ? Ne sait-il pas que ce Jésus qui devait mourir fit prédire, jusque dans ses moindres détails, l'immolation douloureuse vers laquelle il marchait, par la voix retentissante de ses Prophètes, lesquels semblent une rangée de hérauts formant la haie sur le passage d'un grand roi, le saluant et l'annonçant tour à tour, à mesure qu'ils l'aperçoivent ?

Ignore-t-il, en un mot, ce qu'a été Jésus-Christ ? Notre-Seigneur est descendu des hauteurs des cieux ; il a quitté, de son plein gré, le palais de sa gloire et la splendeur de son Père pour venir se faire, par amour pour nous, le dernier des enfants des hommes. Il était le Créateur de l'Univers, et il voulut ne pas avoir en ce monde de quoi reposer sa tête sacrée. Il avait à son service des légions d'anges qui s'agitaient frémissantes autour de son agonie du Golgotha ; et il voulut souffrir les outrages des soldats et des valets, sans appeler à son aide l'armée du Ciel, sans permettre seulement à Pierre de tirer le glaive du fourreau. C'est librement qu'il but ce calice d'amertume devant lequel il sentait se révolter cependant toutes les répugnances de sa Chair, hésiter et défaillir les forces de son Humanité. « Il faut, « dit-il, que le Fils de l'Homme souffre et qu'il entre « ainsi dans sa gloire... Le bon Pasteur donne sa vie « pour ses brebis. »

Tel fut le Seigneur. Tel il est devant la tradition des âges et le bon sens des peuples. Ce caractère du Christ n'est-il pas évident ? et, de la part de celui qui n'eût eu qu'à vouloir pour anéantir ses ennemis d'un regard et pour employer en sa faveur cette puissance qui guérissait les malades et ressuscitait les morts, pouvaient-ils ne pas être volontairement subis, ces outrages, cette misère, ces persécutions, ces crachats, ces soufflets, cette flagellation, ces coups de corde, cette couronne d'épines, ce crucifiement, cette mort affreuse entre deux voleurs ?

N'avait-il pas d'ailleurs, non seulement accepté la souffrance qui lui venait par la main d'autrui, mais recherché personnellement la Douleur et donné lui-même l'exemple de l'austérité par les longues veilles du jardin des Oliviers et par le jeûne de quarante jours dans le désert ? Le premier mot de sa prédication ne fut-il pas celui-là même de saint Jean-Baptiste : « *Pœni-« tentiam agite*, faites pénitence, cherchez la Peine ! » Ne faisait-il pas un tel cas de la Douleur qu'il proclama comme le plus grand des prophètes, ce Précurseur, type accompli de la vie rude et souffrante ? N'a-t-il pas dit qu'il était venu apporter la guerre et non la paix, que le royaume des Cieux souffrait violence ? Loin de s'écrier : « Enrichissez-vous ! » comme voudraient le lui faire dire les saint-simoniens, ne s'est-il pas montré l'ennemi d'un tel système, en conseillant à celui qui voulait être parfait de tout vendre et de le donner aux pauvres ; ce qui signifiait aussi que, pour suivre l'Esprit, il faut se débarrasser de tout ce qui touche à la Chair ? Quel dédain ne montra-t-il pas pour les économistes d'alors, et d'aujourd'hui, lorsqu'il parla avec un charme inconnu à l'art, de ce lis des champs qui n'est pas industriel, et que la bonté du Père Céleste revêt d'une splendeur que n'atteignit jamais la gloire de Salomon ? On serait vraiment tenté de croire que les matérialistes n'ont pas lu l'Évangile, si on ne savait toute l'épaisseur du voile qu'une idée fixe jette sur l'entendement.

La philosophie sensualiste, tout en prétendant représenter le vrai Christianisme, préconise d'un ton sacerdotal le penchant au Plaisir, au Pouvoir et aux Richesses : mais, outre ce Caïphe exécré d'âge en âge, outre ce pontife qui se disait prêtre du Très-Haut et qui ne croyait qu'aux choses d'ici-bas, qui donc crucifia le Fils de Dieu, qui donc le crucifierait encore, sinon Judas ou l'amour des Richesses, Pilate ou l'amour du Pouvoir, Hérode ou l'amour des Plaisirs ? Les siècles se suivent et les hommes se ressemblent ; le soleil se lève chaque jour et n'éclaire jamais un spectacle nouveau.

Jésus-Christ fut pauvre, humble et souffrant ; il n'eut

pas même pour patrimoine la valeur de cette branche d'arbre où se reposent les oiseaux du Ciel. Il s'enfuit quand on voulut le faire roi. Il se nomme lui-même « l'Homme de Douleur », et sa vie tout entière fut la vivante et divine antithèse de ce monde joyeux et éclatant dont Satan est le prince, et dont la religion consiste à chercher le plaisir. Il nous aima et il souffrit ; il voulut nous instruire et il souffrit : « Oui, disait saint Paul, nous croyons que Jésus-Christ nous a aimés, et c'est pour cela qu'il a souffert pour nous. » C'est l'amour qui fit passer par la Mort de la Croix l'auteur de la Vie et le Dieu de l'Immortalité. Ce qui élève le Calvaire à la hauteur du Ciel, c'est le sacrifice et non le Supplice ; ce n'est point la souffrance subie, mais la souffrance acceptée ; c'est la libre résignation à la Peine et la recherche même de la Douleur.

Le Rédempteur savait que les hommes ne se décident que par des exemples ; et il voulut marcher le premier dans cette voie sanglante de la Douleur pour montrer aux Chrétiens le chemin qui les conduit à leur vraie destinée et qui les mène à la Résurrection.

Comme un chef illustre à la tête de son armée hésitante, il s'élança le premier sur ce pont terrible de la Douleur, jeté par Dieu sur l'abîme mystérieux qui sépare l'Homme, l'Homme déchu, de la Ville Céleste qu'il doit conquérir. — Et voilà que, depuis dix-huit siècles, l'élite des générations, les braves parmi les soldats du Christ, suivent ce Chef divin qui a ouvert la marche en portant sa Croix, et qui, tombé sous l'effort ennemi, s'est redressé tout à coup derrière son propre tombeau en montrant aux peuples, comme le trophée de la victoire, le signe même de son supplice, et en poussant le cri du triomphe définitif: « *Vici mundum !* j'ai vaincu le monde ! »

Que les matérialistes ne s'étonnent donc plus du culte de la Douleur : le culte de la Douleur, c'est le culte de Dieu.

XVI

SUITE DES OBJECTIONS MATÉRIALISTES. — LA TRADITION DE L'ÉGLISE.

Une des plus incroyables thèses du sensualisme moderne, c'est de prétendre que les austérités et les macérations sont contraires à la doctrine de l'Église, qu'elles ont été condamnées par elle au xii° siècle, époque où elles se sont manifestées pour la première fois, et qu'elles ont si bien disparu qu'au xv° siècle on n'en avait déjà plus le souvenir.

Est-il besoin de répondre ? Est-il besoin de faire l'histoire de cet immense courant qui entraîna, dès les premiers temps de l'Église, des populations entières vers les austérités du désert ? Est-il besoin d'énumérer la longue liste des Saints qui, tous, ont pratiqué le jeûne, l'abstinence, les cilices, les flagellations, les chaînes de fer et tous ces instruments de pénitence destinés à châtier les sens révoltés, à mater la Chair et à mortifier l'Homme sensitif ? Est-il besoin de rappeler les règles de saint Benoît, celle de saint Pacôme, celle de saint Basile, celle surtout de saint Colomban, qui, depuis les iv° et vi° siècles, régissent la grande famille des Ordres Religieux ? Est-il besoin de renvoyer le lecteur à toutes les pages dans lesquelles le doux saint François de Sales donne ces austérités comme les pratiques, non seulement de la vie du cloître, mais encore de la simple vie chrétienne ? Est-il besoin de citer de notre temps même les Dominicains, les Franciscains, les Trappistes, les Carmes et tant d'autres qui occupent en ce moment même, en France seulement, de soixante à quatre-vingts couvents ? Est-il besoin de parler des cinquante mille Religieuses qui vivent en ce moment parmi nous et dont les austérités dépassent, chez quelques-unes, la pénitence des Capucins et des Trappistes ? Le sensualisme demande où est, dans l'Église, le culte de la Douleur ; c'est bien plutôt à nous à lui demander où il n'est pas.

L'Église a condamné l'hérésie des Flagellants ; et nos philosophes à courte vue en concluent qu'elle a, par ce seul fait, anathématisé la flagellation : ils eussent mieux fait de dire qu'elle l'a canonisée, en canonisant les saints qui l'ont pratiquée et les fondateurs d'Ordres qui l'ont établie dans leurs Constitutions et dans leurs Règles. Ce que l'Eglise condamna dans les Flagellants, ce n'est pas la flagellation, mais l'orgueil qui en était le principe, et la complète insubordination de cette secte à toute espèce de lois. Ce que l'Eglise voulut proscrire, ce fut l'indécent spectacle de ces austérités exercées dans les carrefours, dans les rues, dans les chemins, au milieu des bourgades et des villes, par de fanatiques multitudes de tout sexe et de tout âge ; ce furent les inévitables excès dont se souillaient ces populations vagabondes et en désordre.

Il suffit de lire la Bulle d'excommunication du 20 octobre 1349, pour voir que si, dans la première partie, elle défend de se livrer *publiquement* à la flagellation, les derniers paragraphes permettent et recommandent même de la pratiquer dans l'intérieur des maisons et dans le mystère de la vie privée. Ces sectaires, déniant toute efficacité aux sacrements, donnaient à l'austérité particulière dont ils tirèrent leur nom une vertu intrinsèque qu'elle n'a pas ; leur hérésie consistait à ne suivre que l'inspiration de leur volonté propre et à refuser de discipliner leur esprit par une humble et nécessaire soumission à l'autorité de l'Eglise. Or, si le lecteur veut bien se souvenir de certaines définitions, données par nous au commencement de ce travail, il remarquera que c'est la Chair qui fut seule condamnée par le Pape Clément VI, puisque la Chair signifie l'Esprit propre de l'homme, séparé de l'Esprit de Dieu et de son Eglise.

La question d'hérésie tient à cœur à la secte sensualiste que nous réfutons. « Qu'on me cite, s'écrie-t-elle, « une seule secte condamnée par l'Eglise pour son dé- « vergondage charnel, qui n'ait pas fondé sa foi, sa pré- « dication, sa règle sur ce principe, sur ce dogme du *mé- « pris de la Chair ?* (1) » Mais Luther *qui tonne contre le célibat des prêtres* et qui épouse une religieuse ; mais Henri VIII qui *prêche* et qui pratique *la polygamie ;* mais les anabaptistes qui proclament *la communauté*

---

(1) Enfantin. *Loc. cit.*

des femmes ne me paraissent pas avoir précisément pris pour point de départ les doctrines du mépris de la Chair ?

Tout cela n'est point sérieux et je suis vraiment humilié, pour l'adversaire que nous avons cité plusieurs fois dans le courant de cette étude, d'avoir à signaler en lui une aussi évidente et grossière ignorance des choses dont il entretient le public avec la placide majesté d'un révélateur. Le moindre écolier de sixième, le plus petit enfant sortant du catéchisme n'en sait-il pas plus sur ces questions que ce Docteur en Israël, que ce pape saint-simonien ? et s'il était encore au collège, ne serait-il pas, justement malgré son horreur pour l'abstinence, mis au pain sec pour n'avoir pas mieux su sa leçon ?

Il ne faut souvent, dans une doctrine, qu'un léger germe de mal pour encourir la censure et la condamnation de l'Eglise, gardienne sévère de tout ce qui touche à la morale et au dogme. Il ne fut point besoin pour flétrir les idées des saint-simoniens, de la délicate susceptibilité d'un aussi austère tribunal : la société du temps de Louis-Philippe elle-même fut effrayée de sa flagrante immoralité. Cette philosophie alarma jusqu'à la pudeur de la Préfecture de police et scandalisa le bureau des mœurs (le bureau des mœurs de 1832 !). La police correctionnelle s'émut, le Procureur général s'étonna ; les gendarmes traditionnels perdirent leur impassibilité et rougirent sous les armes, en entendant les discours dévergondés de ces sectaires qu'ils allaient conduire en prison. Tout cela est une vieille histoire ; et, si je la rappelle, c'est pour faire comprendre à ces martyrs de la 6ᵐᵉ Chambre, que personne ne se prend à leurs affectations de scrupule devant la moindre apparence d'hérésie. De leur part, à eux, fondateurs de Religion nouvelle, hérétiques condamnés par l'Index aussi bien que par la police correctionnelle, cela est à la fois bouffon et triste. Qu'on me ramène aux franches attaques et à la brutalité de Proudhon ; ces saint-simoniens paternes, dévots et presque béats me donnent des haut-le-cœur.

XVII

LES DEUX DOCTRINES RÉALISÉES.

Où aboutissent toutes ces doctrines ? A l'abaissement des esprits et des âmes, à la corruption des sens et à de vaines déclamations. Écoutez et regardez les partis que représentent ces idées : d'un côté, ils font des théories égalitaires entre la Chair et l'Esprit, entre les Sujets et le Souverain ; et, de l'autre, ils se font les premiers du monde social et s'adjugent des millions, pour le travail de leur Esprit et au profit de leur Chair personnelle, tandis qu'ils donnent un salaire insuffisant à ceux dont le labeur est tout corporel ; contredisant ainsi, dans leur pratique, les principes proclamés avec fracas dans leurs livres. Ils s'apitoient, en des larmes écrites, sur le sort des classes populaires et ils écrasent l'ouvrier dans un industrialisme sans entrailles. Tout leur dévouement gît dans leur encrier ; ils y trempent leur plume, mais il est sans exemple qu'aucune éclaboussure en ait jamais imprégné leurs mains. Et, lorsqu'une voix austère s'élève et traite sérieusement la question de la fraternité des Humains : « Laissez, s'é-
« crient-ils, laissez ceux que vous appelez les heureux
« du monde dormir sur leurs roses, ils en rencontrent
« assez souvent les épines qui les déchirent plus cruel-
« lement que vos paroles acérées... Et quand aux petits
« vous parlerez des grands, dites-leur qu'il en est
« parmi eux qui savent le chemin du Thabor, qui les
« y guideront, qui les aideront à gravir cette sainte
« montagne de vie... Et ne laissez pas croire que tous
« ces grands se bercent mollement et sommeillent dans
« les voluptés ; dites que le Christ est aussi dans leur
« âme ; qu'ils font aussi partie du corps de Dieu, *que*
« *ces grands sont les frères aînés des petits, possé-*
« *dant l'instruction et la richesse, comme leurs frères*
« *cadets possèdent le nombre et la force;* prêchez à
« cette famille de frères l'association, et défendez-leur,
« au nom du Dieu de paix et d'amour, d'employer leur
« égale puissance à tenter d'asservir ou de détrôner
« l'un par l'autre (1). »

(1) Idem. — *Loc. cit.*

Quoi ! ils prêchent l'égalité absolue ; et quand on veut prendre leurs théories au sérieux et leur en faire l'application personnelle, ils se récrient et disent que, dans cette fraternité, il y a à respecter et à ne pas détrôner un droit d'aînesse, qu'ils passaient tout d'abord sous silence ! Ils veulent, ces aînés de la terre, continuer de dormir sur leur lit de roses, étouffer toute clameur qui pourrait troubler leur sommeil ; et, joignant la raillerie à la cruauté, ils prétendent consoler la grande multitude qui gémit sur d'affreux grabats, par cette considération que, si les riches ont la fortune, les pauvres ont le nombre et que cela se compense ici-bas ! « Laissez faire, laissez passer, » disent les économistes.

Napoléon prononça un jour, en regardant quelqu'un qui l'indignait profondément, un mot italien que je me garderai bien de traduire : « *Canaglia !* » Vive Dieu ! le mot était cruel pour un homme, mais il serait bénin pour la doctrine doucereuse et barbare dont je m'occupe.

« Le catholicisme, osent-ils dire à bout de raisons, jette des instruments de torture sur le corps des malheureux et des pauvres (1). » Il n'y mit jamais que des vêtements, et la légende de saint Martin partageant son manteau sera toujours le programme du vrai chrétien et l'antithèse des sensualistes : *dur pour soi, doux pour les autres.* Le calomniateur qui essaie de flétrir la Religion dans laquelle vécut sa mère et qui regarde sa tombe, le sait aussi bien que moi.

Non seulement l'Église a dispensé du jeûne et de l'abstinence les pauvres, les travailleurs occupés à des labeurs fatigants ; mais, partout où il y a une douleur pour l'homme, elle a placé un remède, un secours, un dévouement. Sévère et vigilante dans sa discipline, l'Église, dès que ses enfants sont malheureux, oublie qu'ils sont coupables et elle ne songe qu'à être mère. Elle recueille et secourt leur misère : elle leur ouvre ses hôpitaux et ses hospices ; elle a des refuges pour le repentir, des écoles pour l'ignorance, des asiles pour la faiblesse, de l'amour pour tous.

Rien ne la trouble dans son rôle sublime. Que les

(1) *Ibid.*

maladies les plus cruelles sévissent dans un pays, que la peste infecte des villes et fasse fuir tous les lâches adorateurs de la Chair, tous les apostats de l'Esprit, la Religion seule reste calme au milieu de l'effroi du monde. Ses Religieuses et ses Prêtres n'abandonnent jamais le chevet des mourants, et les mains du dévouement Catholique ensevelissent les morts.

L'homme de l'Église se jette aussi, nous l'avons vu, au milieu du feu meurtrier des guerres civiles, pour aller y chercher au péril et au prix de sa vie, les blessés de tous les partis, sans ambition d'autre triomphe que celui de la Charité.

La débauche abandonne-t-elle ses enfants dans la rue comme le libre penseur de Genève ? les filles de Saint-Vincent de Paul les abritent, les nourrissent et les élèvent, devenant mères, comme la Reine du Ciel, sans cesser d'être Vierges. Elles montrent ainsi, par un touchant symbole, que la Virginité, le culte des austérités et l'amour de la vie souffrante peuvent seuls contre-balancer le mal produit par l'impureté, et les abominations commises au nom du plaisir.

Le mal du monde, ce sont les trois vœux d'Orgueil, de Richesse et de Volupté ; le Bien du monde, c'est le triple vœu de Chasteté, de Pauvreté et d'Obéissance. Cela résume les deux doctrines que nous avons mises en présence dans le courant de cette étude.

Thèse posée et objections écartées suffisent, ce semble, pour réfuter une théorie. Il est cependant un dernier moyen de la combattre, c'est de lui accorder tout ce qu'elle demande, de la supposer réalisée et de la voir à l'œuvre. Le résultat forcé de toutes les utopies sociales est d'arriver précisément à tout le contraire de ce qu'elles se sont proposé. La Politique, que je veux m'interdire, offrirait de lamentables et de terribles exemples de cette vérité.

Un seul mot suffira pour en faire l'application aux matérialistes.

Ils veulent, disent-ils, le règne de la santé, de la joie, l'embellissement de l'espèce et de l'individu. — Qu'ils suppriment la Douleur ; qu'ils établissent une société fondée sur l'épicuréisme le plus sagement combiné, et ils arriveront forcément, de par Hippocrate, le sens commun et l'expérience, à des peines d'un ordre nouveau, à des maladies inouïes, au terrible ennui de l'Anglais à millions, à l'enlaidissement de l'individu, à l'abâtardissement de la race ou même à son anéantissement. En voulez-vous une preuve ? Les deux hommes les plus riches de Paris en sont à peu près les plus laids. Quant à l'auteur que nous avons constamment cité et combattu dans ce livre, il n'a pas, dit-on, cessé d'être très beau ; mais ce Père de l'Humanité n'a pas eu d'enfants. Antithèses étranges et pleines d'enseignement !

Celui qui a tout ce qu'il veut ne tarde pas à ne plus rien vouloir : il *se blase*, mot qui n'existe que dans la langue des riches et qui n'a son équivalent dans aucun idiome populaire. Devant la table splendide où la vie lui présente toutes ses voluptés, il se sent saisi par un mal singulier ; il n'a plus faim.

Le laboureur vend au marché ses plus beaux fruits ; mais le riche n'a pas encore trouvé le secret de lui acheter ni ces belles dents blanches qui n'appartiennent qu'aux paysans, ni cet appétit merveilleux qui rend savoureux le pain noir, qui adoucit l'aigre piquette et qui assaisonne tous les plats de la pauvreté.

Ceci peut paraître un paradoxe, mais il est sûr qu'il n'y a que les pauvres qui dînent bien (quand ils dînent).

Le riche est blasé et il est obligé de recourir à mille condiments, à je ne sais combien d'inventions pour réveiller, par une irritation factice, son palais affadi. Il se délabre l'estomac par tous ces artifices : sa santé se ruine, sa face devient blafarde, rougeaude, jaune ou verte ; et quiconque, assis sur le bord d'une rivière ou sur les rives de l'Océan, a contemplé l'Humanité, prenant des bains et étalant ses formes plastiques, peut aisément mesurer jusqu'à quel point lamentable et bouffon la vie facile peut dégrader la beauté native du type humain.

L'expérience le rend visible à tous les yeux que n'aveugle pas l'esprit de système (qui n'est certes pas le système de l'esprit !) la Peine est le sel qui empêche non seulement l'âme mais le corps de se corrompre ;

les gens de travail physique, de labeur pénible sont ceux dont la santé est incomparablement la plus florissante.

L'homme qui se fatigue se fortifie, l'homme qui ne se fatigue pas s'affaiblit. La force est un capital qui ne se conserve qu'en se dépensant.

C'est pour cela que les riches, nourris dans les délices, traînés sur les moelleux coussins de leurs voitures, entourés de toutes les aises de la vie, sont moins bien portants, moins vigoureux, physiquement moins beaux que les paysans ; tandis que ces derniers n'ayant pas fatigué, c'est-à-dire fortifié leur intelligence, n'ont jamais ni cette fine et délicate physionomie, ni cette expression de beauté intellectuelle qu'on rencontre dans les classes supérieures et instruites. Quant à la beauté morale, elle peut résider à tous les degrés de l'échelle sociale ; et le visage des uns et des autres la peut également refléter. Mais, pour la formation normale de ces beautés diverses, il faut employer le même moyen, et, de tous côtés, c'est par la Peine qu'on arrive à la perfection. L'Homme s'enfante lui-même après être sorti du sein de sa mère et cet enfantement est certes aussi douloureux que le premier.

Si la doctrine sensualiste, ramenée au point où on la veut aujourd'hui, était possible et réalisée, l'Humanité tomberait en pourriture, deviendrait apoplectique ou étique, serait attaquée de maladies sans nom, mourrait de consomption et d'ennui ou se brûlerait la cervelle dans un accès de ce spleen étrange que connaissent les soi-disant heureux et que les hommes trempés dans la Peine et la Douleur ignoreront toujours. La force de ces pseudo-philosophes est dans leur faiblesse : ils n'auraient aucune chance de vivre s'ils pouvaient faire une expérience complète. Ce que leur doctrine a de dangereux, c'est qu'elle peut être appliquée à moitié ; c'est qu'elle l'est de la sorte par le sensualisme contemporain.

Les vérités que j'exprime n'avaient pas échappé au bon sens de l'antiquité ; et Sénèque dit très excellemment dans son livre de la Providence : « *Duris operibus, doloribus ac damnis colligunt robur;* c'est dans les durs travaux, dans les douleurs, dans les souffrances que se trouve le secret de la force. »

Ainsi la philosophie païenne et la religion des Chrétiens se rencontrent, sur le fonds même de cette thèse, dans l'unité d'un identique sens commun.

XVIII

CONCLUSION.

Que reste-t-il maintenant des objections et des thèses du Matérialisme et que puis-je ajouter ? Je m'efforce vainement de voir de côté et d'autre quelque argument oublié : la route est libre et j'ai accompli l'humble office d'un balayeur.

J'ai fait plus : j'ai tenté d'établir sur les larges assises du cœur de l'homme la philosophie de la Douleur.

Depuis l'origine des âges, l'Église de la Douleur subsiste à travers le Monde. Elle est l'espérance des faibles, la joie de ceux qui souffrent, la consolation du genre humain. Elle ensevelira un à un tous ces mortels qui chantent sa ruine, qui naissent, qui vivent, qui insultent et qui expirent. Que lui importent les tronçons agités de ce vieux serpent Pythien que coupa jadis en morceaux le véritable Apollon descendu des cieux ? Que lui importent les protestations de cet esprit inférieur qui s'appelle Renan ou Enfantin aujourd'hui, qu'on nommera demain d'un nom nouveau et qui était avant-hier Épicure ou Proudhon ? Le monde passera, mais la parole du Fils de Dieu ne passera point et les portes de l'enfer ne prévaudront point contre cette Église éternelle.

« C'est l'orgueil, dit Montaigne, qui jecte l'homme à quartier des voyes communes, qui luy faict embrasser les nouvelletez et aimer mieulx estre chef d'une troupe errante et desvoyée au sentier de perdition, aimer mieulx estre régent et précepteur d'erreur et de mensonge, que d'estre disciple en l'école de Vérité, se laissant mener et conduire par la main d'aultruy à la voye battue et droicturière. »

TABLE DES MATIÈRES

Dédicace... 2
Préface 3

PREMIÈRE PARTIE

I. — Introduction. — Considérations générales.. 5
II. — Ce que c'est que l'Esprit, ce que c'est que la Chair... 8
III. — Antagonisme des deux Principes........... 11
IV. — Solution de l'Église sur cette question...... 15
V. — Nécessité d'une hiérarchie dans le gouvernement de l'Homme par lui-même................ 18
VI. — Logique saint-simonienne 23

DEUXIÈME PARTIE

VII. — De la douleur et de sa raison d'être dans le monde moral..................................... 28
VIII. — Constitution de la Nature humaine. — Le Réel et l'Idéal................................... 31
IX. — Réhabilitation de la Chair. — Philosophie de l'Idéal... 40
X. — Du besoin de se sentir Vivre et du double courant de la Passion humaine................ 41
XI. — Le Culte de la Douleur..................... 48
XII. — L'Amour. — Digression sur la Chevalerie.. 51
XIII. — La Chevalerie éternelle. — La Théorie de la modération 55
XIV. — Résumé de la Thèse. — Philosophie de l'état monastique 61

TROISIÈME PARTIE

XV. — Objections de la doctrine matérialiste. — L'exemple de Jésus-Christ..................... 67
XVI. — Suite des Objections matérialistes. — La Tradition de l'Église 71
XVII. — Les deux Doctrines réalisées............. 74
XVIII. — Conclusion................................ 79

Paris-Auteuil. — Imp. des Orphelins-Apprentis, D. Fontaine, 40, rue La Fontaine.

www.ingramcontent.com/pod-product-compliance
Lightning Source LLC
LaVergne TN
LVHW050613090426
835512LV00008B/1477